Toni Feller

Die Samaritermaske

Toni Feller

Die Samaritermaske

Authentische Kriminalfälle

Militzke

Bibliographische Information der Deutschen Bibliothek
Die Deutsche Bibliothek verzeichnet diese Publikation in der Deutschen Nationalbibliographie; detaillierte bibliographische Angaben sind im Internet über http://dnb.de abrufbar.

Lektorat: Inka Krüger
Umschlaggestaltung: Dietmar Senf
Satz: Claudia Hofmann
Gesetzt aus der New Baskerville
Druck und buchbinderische Verarbeitung:
Jütte-Messedruck Leipzig GmbH

Printed in Germany
ISBN 3-86189-709-1

Besuchen Sie den Militzke Verlag im Internet unter:
http://www.militzke.de

Inhalt

Einleitung 6

Das Mörderduo 12

Voyeuristische Gewalttäter 40

Eine tickende Zeitbombe 72

Die Samaritermaske 96

Mord auf der Schafweide 137

Erpresserischer Menschenraub 159

Einleitung

Seit es Menschen gibt, gibt es auch Verbrechen. Ob es nun Kain war, der mit dem Mord an seinem Bruder Abel den Anfang machte, sei dahingestellt. Fest steht, dass es schon bei den ersten Menschen Hass und Neid, Gier und Lust gab, Gefühle und Triebe, die unter bestimmten Umständen zu Verbrechen führen können. Diese Anlagen wurden über alle Generationen hinweg vererbt und sind bei den Menschen aller Kontinente, Länder und Schichten bis in die heutige Zeit wirksam.

Als ich die ersten Bilder des Balkankrieges sah, war ich fassungslos. Bis dahin hatte ich die naive Vorstellung, dass die Judenvernichtung im Dritten Reich der letzte große barbarische Akt der westlichen Zivilisation gewesen war und dass die ganze zivilisierte Welt durch dieses abschreckende Beispiel für immer von solchen Gräueltaten befreit wäre. Nie habe ich mir träumen lassen, dass es in Europa oder der übrigen westlichen Welt jemals wieder Menschen geben würde, die unschuldige, wehrlose kleine Kinder und ihre Mütter zusammentreiben, um sie vor einem mit Baggern ausgehobenen Massengrab zu erschießen oder anderweitig niederzumetzeln.

Durch diese Bilder und auch durch die Ereignisse des 11. September 2001 musste ich einmal mehr begreifen, dass Menschen nach wie vor zu extremen Grausamkeiten fähig sind, obwohl doch gerade der Mensch mit seinem Verstand weit darüber stehen müsste, Probleme mit Mord und Totschlag zu lösen. Die schärfste Logik und noch so fundierte Geistes- und Naturwissenschaft vermögen sich diesem Phänomen, wenn überhaupt, nur anzunähern.

Seit es Verbrechen gibt, muss es auch zwangsläufig Menschen geben, die sie bekämpfen. Wie sonst könnte die Mensch-

heit überleben. Ein demokratischer Staat überträgt diese Aufgabe in der heutigen Zeit unter anderem auf Polizisten, Staatsanwälte und Richter.
Ich bin selbst Polizist, Kriminalbeamter im Range eines Kriminalhauptkommissars, der auch heute noch, nach 26 Dienstjahren, an »vorderster Front« kämpft. Seit 1985 bin ich Mitglied der Mordkommission Karlsruhe und seit 1996 Angehöriger der Verhandlungsgruppe, die bei Geiselnahmen und Erpressungen eingesetzt wird. Hauptsächlich bin ich aber im normalen Arbeitsalltag als Sachbearbeiter für so genannte Leichensachen, Brand-, Gewalt, Sexual- und Betrugsdelikte tätig. Meinen Job mache ich gern. Ich bin mit Leib und Seele Polizist. Die Energie, die man dazu braucht, um mit viel Engagement seine Polizeiarbeit einigermaßen gut zu machen, schöpfe ich aus der Überzeugung, dass ich nicht für meinen Chef, für den Staatsanwalt oder für das Gericht arbeite, sondern ganz allein für mich. Ob es nun ein großer oder auch nur ein ganz kleiner Fall ist, bin ich stets bestrebt, meine bescheidenen Fähigkeiten so einzusetzen, dass ich das Maximum an Gerechtigkeit heraushole, weil mir das ein tiefes Gefühl von Zufriedenheit gibt. Dabei achte ich darauf, nicht selbstgerecht zu sein und vor allem beim Seiltanz von Recht und Unrecht, nicht auf die falsche Seite zu rutschen, was oft gar nicht so einfach ist.

Sternstunden für mich sind immer wieder die Gelegenheiten, in denen ich Menschen eine Hilfe sein kann. Meistens betrifft das die Opfer von Straftaten, in besonderen Fällen aber auch Straftäter.

Meinem obersten Gebot, dass auch der schlimmste Straftäter immer noch ein Mensch ist und als solcher auch behandelt werden muss, ist allerdings dann nur sehr schwer zu folgen, wenn es um Täter geht, die sich an Kindern vergangen haben oder um solche, die permanent extrem Menschen verachtende Verhaltensweisen an den Tag legen. Der Umgang mit solchen Individuen erfordert ein hohes Maß an Beherrschung und Konzentration.

Ich habe es mir zum Prinzip gemacht, jedem Straftäter im frühestmöglichen Stadium seiner Befragung das Angebot zu machen, fair miteinander umzugehen und bin damit bislang sehr gut gefahren. Das Spiel mit offenen Karten hat oft einen größeren Reiz als jenes mit verdeckten. Meinem Gegenüber mache ich klar, dass ich nicht gern gelinkt werde und darauf äußerst sauer reagieren würde. Im Gegenzug biete ich ihm an, fair mit ihm umzugehen. Das ist ein einfaches Prinzip, das auch in der Unterwelt praktiziert und anerkannt wird. Spielt einer falsch, ist er draußen, so einfach ist das. Im Klartext heißt das, dass ich alle meine rechtlichen Möglichkeiten ausschöpfe, einem Straftäter zur Höchststrafe zu verhelfen, wenn er meint, er könne mich aufs Glatteis führen. Im Gegensatz dazu habe ich auch schon vielen Straftätern geholfen, das Unausweichliche, das auf sie zukommt, besser verarbeiten und bewältigen zu können. Nicht selten kommt es vor, dass man versucht, hierbei die Angehörigen des Täters mit einzubinden, was in der Regel sehr positiv aufgenommen wird.

Ich kann mich an einen Berufs- und Gewohnheitsverbrecher erinnern, den ich nach tage- und nächtelanger Observation dingfest machen konnte, nachdem er versucht hatte, in ein Warenhaus einzubrechen. Als er festgenommen wurde, hatte er schon 16 Jahre seines Lebens wegen diverser Einbruchsdiebstähle in verschiedenen Gefängnissen Deutschlands verbracht. Allerdings lag dieses Mal nur ein Einbruchsversuch vor und die Beweislage für die anderen, ihm zur Last gelegte Taten war relativ dürftig. Ausnahmslos alle meine Kollegen waren der Meinung, dass dieser mit allen Wassern gewaschene Ganove nie im Leben ein Geständnis ablegen würde.

Gleich zu Beginn seiner Vernehmung gelang es mir, ein Klima von gegenseitigem Respekt aufzubauen, das sich als sehr hilfreich erwies. Es dauerte nur relativ kurze Zeit, bis dieser hart gesottene Gewohnheitsverbrecher mit der Beichte seines Lebens begann und mir insgesamt 28 schwere Einbruchsdiebstähle gestand, von denen ich größtenteils noch gar nichts wusste. Obwohl es sicherlich etwas unwahrscheinlich klingt, entstand fast eine Art Freundschaft zwischen uns. So war es am Ende für mich selbstverständlich, mich dafür einzusetzen, dass er zur Verbüßung seiner hohen Freiheitsstrafe schnellstmöglich in einer Strafanstalt untergebracht wurde, die sich ganz in der Nähe des Wohnortes seiner Angehörigen befand. Das war nicht einfach, da diese in einem anderen Bundesland wohnten.

Die Geständnisbereitschaft rettete ihn übrigens auch vor der drohenden Sicherungsverwahrung. Ganz aus freien Stücken bot er sich in der Folgezeit an, aus dem Gefängnis heraus Informationen zu liefern, mit denen einer großen Einbrecher- und Rauschgiftbande das Handwerk gelegt werden konnte.

Nun könnte man meinen, dass bei Vernehmungen von Mördern ein solcher Handlungsspielraum nicht mehr zur Verfügung steht. Dem ist jedoch nicht so. Im Gegenteil, gerade bei Mord geht es ja um sehr viel, sowohl für die Kriminalbeamten, die sich mit dem Täter befassen müssen, als auch für den Täter selbst. Hier zeigt sich, welcher Kriminalist die hohe Kunst der Vernehmungstaktik wirklich beherrscht und welcher nicht. Dazu sind unter anderem fundierte Gesetzeskenntnisse nötig. Ebenso muss man wissen, welche technischen Möglichkeiten zur Verfügung stehen, einen Täter zu überführen. Schließlich und vor allem ist sehr viel Fingerspitzengefühl notwendig, denn ist erst einmal der oft sehr dünne Draht zum Täter gerissen, besteht in vielen Fällen keine Chance mehr, an ihn heranzukommen. Bringt man es jedoch fertig, sich vorsichtig in die Psyche des Straftäters hineinzuversetzen und ihm dabei das Gefühl zu geben, dass man ihm, bei allem Schlimmen, was passiert ist, in gewisser Weise noch Achtung und vielleicht sogar ein wenig Verständnis entgegenbringt, wird man in nahezu allen Fällen auch einen Weg zur Kommunikation finden. Zu einem Geständnis ist es dann nicht mehr allzu weit.

Von Bekannten werde ich oft gefragt, welche Druckmittel die Polizei bei Vernehmungen von Beschuldigten anwendet. Die Zeit von Folter und ähnlichen Zwangsmitteln gehört in

Deutschland Gott sei Dank der Vergangenheit an. Jeder, der sich zur Bekämpfung von Verbrechen die alten Zeiten herbeiwünscht, sollte sich vor Augen halten, dass durch Folterung nur eines mit absoluter Sicherheit erreicht werden kann: Jede Menge Fehlurteile, die jedoch in keinem Verhältnis dazu stehen, dass in einem freiheitlich-demokratischen Staat einige Täter durch die engen Netze unserer Gesetzgebung schlüpfen.

Bei dem Entführungsfall Fall Jakob von Metzler aus Frankfurt im Jahre 2003 wurde allerdings unbestreitbar Folter angedroht. Dazu muss jedoch ausgeführt werden, dass zum Zeitpunkt der Androhung bereits ein ohne jegliche Folter abgelegtes Geständnis des Jurastudenten Magnus G. sowie mehrere andere, schwerwiegende Beweise für seine Täterschaft vorlagen und es nur noch darum ging, das Leben des Kindes zu retten. Magnus G. wollte den Aufenthalt des kleinen Jakob aber auf keinen Fall preisgeben. Im Nachhinein weiß man, er wollte damit verhindern, dass man die Leiche findet, deren Todesursache feststellt, und er dann als brutaler Kindesmörder an den Pranger gestellt wird.
Die Ermittler ließ er jedoch in dem Glauben, Jakob von Metzler lebe noch und in diesem Glauben drohten die Beamten dem Täter an, ihm Schmerzen beizufügen, bis er den Aufenthaltsort seiner Geisel preisgibt. Ziel der Ermittler und des Frankfurter Polizeipräsidenten war nicht, den Tatverdacht gegen Magnus G. zu erhärten, sondern einzig und allein das Leben des kleinen Jakob zu retten, solange noch eine Chance besteht. Sie beriefen sich dabei auf den »Rechtfertigenden Notstand", der im § 34 des Strafgesetzbuches verankert ist.
Für die Presse war dieser Vorgang natürlich ein gefundenes Fressen. Folter in Deutschland! Zurück ins Mittelalter! So oder ähnlich konnte man in den Medien lesen und hören. Keiner der Reporter machte sich die Mühe, einmal die wirklichen Hintergründe und vor allem den Zeitpunkt der Folterandrohung zu beleuchten. Das gab einfach zu wenig her. Einmal

mehr der Beweis dafür, dass in unserer heutigen Mediengesellschaft einseitig, parteiisch und oft nur oberflächlich berichtet wird.

Mit diesem Buch möchte ich die Leser ein wenig sensibilisieren, Verbrechen vielleicht schon im Anfangsstadium zu erkennen, um rechtzeitig entgegenwirken zu können. Und vielleicht dient es im einen oder anderen Fall auch dazu, potentiellen Straftätern vor Augen zu führen, dass das Verbrechen auf lange Sicht nur geringe Chancen hat und dass ihnen eine gut ausgerüstete, in aller Regel hochmotivierte und professionell arbeitende Polizei gegenübersteht.

Letztlich könnte das Buch auch solchen Polizeibeamten nützlich sein, die nicht für sich in Anspruch nehmen können, alles was mit schweren Verbrechen zu tun hat, als Topermittler schon längst erlebt zu haben.

Ausnahmslos alle Fälle sind authentisch, jedoch wurden sämtliche Namen, auch die der Täter, sowie zum Teil die Orte und Tatzeiten aus datenschutzrechtlichen Gründen, insbesondere aber auch aus Rücksicht auf die Opfer sowie deren Verwandten und Bekannten geändert.

Als Grundlage für das Schreiben dieses Buches dienten in erster Linie Polizeiakten. Doch als Kriminalbeamter konnte ich selbstverständlich auch eigene Erfahrungen und Erinnerungen mit einfließen lassen, wobei ich mich bemüht habe, das trockene Amtsdeutsch in einen für jedermann lesenswerten Text umzuformen.

Das Mörderduo

Als der Mann am Morgen des 3. November 1995 auf dem Polizeirevier Karlsruhe-Oststadt erschien, um seine junge Frau vermisst zu melden, atmete der diensthabende Beamte erst einmal tief und hörbar durch. Seinen Unmut konnte der ältere und wegen seiner Leibesfülle behäbig wirkende Polizist nicht verbergen, als er dem Anzeigeerstatter die ersten Fragen stellte. »Schon wieder einer, dem die Alte abgehauen ist und der die Polizei einspannen will, um sie wieder einzufangen«, dachte er. Aus polizeilicher Sicht kann man ihm diese Denkweise nicht verübeln, denn von hundert ähnlichen Vermisstenanzeigen enden neunundneunzig mit dem gleichen Ergebnis: Die Vermisste kommt nach ein paar Tagen reumütig mit einer erfundenen Geschichte zurück oder es stellt sich heraus, dass sie von langer Hand geplant hat, ihren Mann zu verlassen, um mit einem anderen zu leben. »Wer weiß, was diesmal dahinter steckt«, dachte der Beamte.

Obwohl Klaus Dekant, der Mann, der die Anzeige erstatten wollte, sehr aufgeregt war, blieb ihm die Einstellung des Polizisten nicht verborgen. Am liebsten hätte er deswegen einen Rückzieher gemacht und die Suche nach seiner Frau allein fortgesetzt. Doch wo sollte er noch suchen? Seit gestern Abend und die ganze Nacht hindurch hatte er alle in Frage kommenden Orte aufgesucht, alle Freunde und Bekannten und alle Krankenhäuser angerufen. Nichts, nicht einmal den kleinsten Hinweis erhielt er. Dagegen bekam er von seinen Freunden genügend witzige und gut gemeinte Ratschläge, wie man eine Frau zu behandeln habe, damit sie einem nicht durchbrennt. Hin und wieder rang er sich ein bittersüßes Lachen ab, obwohl ihm eigentlich nicht danach zumute war. Aber vielleicht hatten sie Recht. Vielleicht war Claudia, seine 25-jährige, überaus attraktive Frau tatsächlich mit einem anderen durchgebrannt. Doch so sehr er auch nachdachte, aus seiner Sicht gab es dafür keinerlei Anhaltspunkte.

Klaus Dekant erklärte dem Beamten, dass seine Frau gestern Abend nicht von der Arbeit nach Hause gekommen war und dass er von ihrem Chef telefonisch erfahren habe, sie wäre überhaupt nicht im Büro erschienen. Daraufhin meinte der Beamte lakonisch, wenn er nicht mehr vorbringen könne, würde es sich im vorliegenden Fall nicht um eine Vermisstensache im Sinne der Vorschriften handeln. Erwachsene dürfen jederzeit überall hingehen, ohne sich vorher abmelden zu müssen. Er könne deswegen auch keine Fahndung einleiten, es sei denn, die Vermisste hätte vor ihrem Verschwinden Selbstmordabsichten geäußert oder er – Klaus Dekant – hätte den begründeten Verdacht, dass seine Frau einem Verbrechen zum Opfer gefallen sei. Ein weiteres Kriterium für die Einleitung einer Vermisstenfahndung wäre auch die vermutete Hilflosigkeit einer Person. Aber das würde wohl in diesem Fall auch nicht zutreffen.

Einem Verbrechen zum Opfer gefallen, hallte es in Klaus Dekants Ohren nach. In diesem Augenblick wurde ihm zum ersten Mal vollständig bewusst, dass seiner Frau wirklich etwas Schlimmes zugestoßen sein könnte. Während der Suche nach ihr hatte er nicht genügend Zeit gehabt, sich darüber Gedanken zu machen. Erst als er nun aus dem Munde des Polizisten das Wort Verbrechen hörte, bekam er es mit der Angst zu tun. Plötzlich wurde ihm klar, dass er den Beamten dazu bringen musste, die Vermisstenanzeige aufzunehmen, damit schnellstmöglich die Fahndung nach Claudia eingeleitet würde.

Er erzählte in eindringlichen, fast flehenden Worten, seine Frau sei in allem immer sehr zuverlässig gewesen und auch stets pünktlich von der Arbeit nach Hause gekommen. Es gäbe nicht die geringsten Anzeichen dafür, dass sie einen Liebhaber hätte. Sie seien erst seit knapp zwei Jahren verheiratet und würden sich sehr lieben. Er sei sich deswegen absolut sicher, dass ihr etwas passiert sein müsse. »Und warum kommen Sie dann jetzt erst?«, fragte der Polizeibeamte nach wie vor missmutig und nun auch vorwurfsvoll. »Immerhin sind mindestens 15 Stunden und eine ganze Nacht vergangen.«

»Ich hatte noch nie etwas mit der Polizei zu tun, verstehen Sie? Deswegen wollte ich zuerst selbst alle Möglichkeiten überprüfen, bevor ich die Polizei bemühe. Aber jetzt, Herr Wachtmeister, jetzt weiß ich mir nicht mehr zu helfen.«

Auf die Frage, ob es zwischen ihm und seiner Frau gelegentlich auch Streit gegeben habe, räumte Klaus Dekant ein, dass sie am Abend vor dem Verschwinden seiner Frau einen kleinen Disput hatten. Es sei darum gegangen, dass er gerne ein Kind wolle, sie dies aber aus beruflichen Gründen immer wieder hinausschob. Bei dieser Aussage runzelte der Beamte die Stirn. Er atmete noch einmal tief und vernehmlich durch. »Na, da haben wir es ja! Aber meinetwegen, brummte er, dann leiten wir mal die Vermisstenfahndung ein. Vielleicht ist ihr doch etwas passiert oder sie irrt irgendwo umher und will sich etwas antun.«

Klaus Dekant erschien die nun folgende Fragerei nach Aussehen, Kleidung und Gewohnheiten seiner Frau endlos. Er hatte das Gefühl, als müsse er gleich platzen. Wann würde endlich etwas passieren, wann würden sämtliche Streifenwagen der Stadt und vielleicht auch noch ein Polizeihubschrauber zur Fahndung nach seiner Frau eingesetzt werden?

»Das ist alles«, meinte der Beamte, als die Formalitäten schließlich erledigt waren. »Ich werde jetzt über Funk eine Fahndung nach Ihrer Frau herausgeben, mehr können wir im Moment nicht tun. Anschließend werde ich den Vorgang an die Kripo weiterleiten. Die sind für Vermisstenfälle eigentlich zuständig. Ich denke, dass sich morgen einer der Kollegen mit Ihnen in Verbindung setzt.«

Als Klaus Dekant das Polizeirevier verließ, fühlte er sich ausgehöhlt, leer und vor allem hilflos wie ein kleines Kind. Er ging nach Hause, legte sich unweit des Telefons auf das Sofa im Wohnzimmer und fiel bald in einen unruhigen Schlaf. Nachmittags wurde er durch das schrille Klingeln des Telefons aus dem Schlaf gerissen. Ein Bekannter war dran und erkundigte sich, ob Claudia wieder zurückgekehrt sei. Bis zum späten Abend wurde er aus dem gleichen Grund noch von fünf weiteren Personen angerufen. Schließlich bat er seinen besten Freund, ihm in der Wohnung Beistand zu leisten. Er hatte Angst, er würde vor Erschöpfung in einen Tiefschlaf fallen und dann das Telefon nicht mehr hören. Bertram Mangold kam und gemeinsam verbrachten sie die Nacht neben dem Telefon, ohne dass jedoch der erlösende Anruf von Claudia oder die Nachricht kam, sie sei wohlbehalten gefunden worden.

Am zweiten Tag nach ihrem Verschwinden meldete sich dann der zuständige Sachbearbeiter der Kriminalpolizei bei Herrn Dekant. In einem persönlichen Gespräch stellte er noch einmal ähnliche Fragen wie tags zuvor der Polizist auf dem Revier. Dieses Mal hatte Herr Dekant aber das Gefühl, dass es der Kriminalbeamte in Zivil mit seiner Arbeit genauer nahm als sein uniformierter Kollege. Aber Frau Dekant war nun schon seit zwei Tagen spurlos verschwunden, was dazu zwang, den Fall ernst zu nehmen. Zumal Klaus Dekant dem Kripobeamten noch einmal eindringlich vermittelte, dass es für das Fernbleiben seiner Frau keinen einzigen plausiblen Grund gäbe. Der Kriminalbeamte ließ sich nun alle Zimmer der Wohnung zeigen. Dabei schaute er sich einzelne Dinge – wie die Schreibtischschubladen – genauer an. »Als ob Claudia da hineingekrochen wäre«, dachte Klaus Dekant ärgerlich. Anschließend ließ er sich den Dachboden, den Keller und die Garage zeigen. Dort fragte der Beamte, wie Frau Dekant gewöhnlich zur Arbeit komme. Als Herr Dekant darauf antwortete, sie würde mit der Straßenbahn zum Bahnhof und von dort mit dem Zug weiter nach Baden-Baden fahren, fiel ihm erstmals auf, dass das Fahrrad seiner Frau fehlte. Sie musste also mit dem Fahrrad zum Bahnhof gefahren sein, was sie nur selten tat, wenn sie spät dran war oder ihr der gemeinsame

Pkw nicht zur Verfügung stand. Das Auto hatte an dem Morgen ihres Verschwindens einen platten Reifen. Eilig fuhren sie daraufhin zum Bahnhof und fanden dort sehr schnell das ordnungsgemäß abgeschlossene Fahrrad Claudia Dekants.

Der Kriminalbeamte intensivierte nun seine Ermittlungen. Er setzte sich mit der Bahnpolizei in Verbindung und ließ die fragliche Strecke absuchen, da es schon vorgekommen ist, dass sich Selbstmörder aus einem fahrenden Zug geworfen haben oder Mörder ihre Opfer an Bahnlinien »entsorgten«. Die Suche verlief jedoch negativ. Des Weiteren befragte er den Chef und die Arbeitskollegen von Frau Dekant. Als sich immer mehr herauskristallisierte, dass es sich bei der Vermissten tatsächlich um eine äußerst zuverlässige Person handelte, die niemals einfach so verschwinden würde, übergab man den Fall Claudia Dekant vier Tage nach deren Verschwinden an die Mordkommission.

Die Mordkommission (MOKO) des Polizeipräsidiums Karlsruhe setzt sich aus qualifizierten Beamten der verschiedensten Dezernate zusammen, die immer dann zusammengerufen werden, wenn ein Kapitalverbrechen vorliegt oder der dringende Verdacht eines Kapitalverbrechens gegeben ist. Die Gesamtstärke der MOKO beträgt 25 Beamte. Je nach Art und Schwere des Falls kann die Personalstärke weiter aufgestockt oder reduziert werden. Im Fall Dekant begann die Mordkommission ihre Ermittlungen zunächst in verminderter Stärke.

Die Arbeit einer MOKO zeichnet sich insbesondere durch akribische Feinarbeit aus. Jedem noch so kleinsten Hinweis wird nachgegangen. Jede Spur wird so lange verfolgt, bis sie entweder zum Täter führt oder als abgeklärt zu den Akten gelegt werden kann. Alle zur Verfügung stehenden und im gesetzlichen Rahmen erlaubten Mittel und Methoden werden eingesetzt. Nur so ist es möglich, dass die Mordkommission Karlsruhe nun schon über Jahrzehnte eine überdurchschnittlich hohe Aufklärungsquote von über 90 Prozent vorweisen kann.

Obwohl also dem oder den Tätern eine zahlenmäßig beachtliche Gruppe von geschulten, in allen Belangen erfahrenen und hoch motivierten Beamten gegenübersteht, können nicht alle Fälle geklärt, nicht alle Täter überführt werden. Auch im Fall Dekant löste sich die eingesetzte MOKO nach etwa drei Wochen auf, ohne dass es auch nur einen brauchbaren Hinweis auf das Verschwinden der Frau gab.

Knapp drei Monate später wurde in einem Wald, zwanzig Kilometer von Karlsruhe entfernt, eine Frauenleiche gefunden. Ein Förster hatte sie in einer Kuhle unter Laub und Zweigen entdeckt. Die Leiche war schon stark verwest und es war Tierfraß zu vermuten, da sich Teile der Leiche auch außerhalb der Kuhle befanden. Bereits am Leichenfundort stellte der Gerichtsmediziner fest, dass eine massive Gewalteinwirkung auf den Kopf des Opfers stattgefunden hatte. Die Schädeldecke war an mehreren Stellen eingeschlagen. Außerdem befand sich in der Vagina des Opfers ein Kunstpenis, was auf einen Sexualmord hindeutete. Anhand des Gebissbefundes stand schnell fest, dass es sich bei der Leiche um Claudia Dekant handelte. Die Mordkommission wurde wieder zusammengerufen, diesmal in ihrer vollen Stärke mit 25 Mann.

Trotzdem reichten die jahrelangen Erfahrungen und die speziellen Schulungen der MOKO-Mitglieder und die eingesetzte Technik auch jetzt nicht aus, um den Fall zu klären. In Wochen zähester Arbeit, in denen den Beamten alles abverlangt wurde und sie so gut wie kein Privatleben mehr hatten, trat man immer wieder auf der Stelle. Unzählige Theorien wurden aufgestellt und wieder verworfen. Sämtliche in Frage kommende Sexualtäter, die irgendwann einmal polizeilich in Erscheinung getreten waren, wurden überprüft. Natürlich nahmen die Beamten auch die Verwandten und Bekannten der Ermordeten unter die Lupe. Das war außerordentlich zeitaufwendig, da die Familie von Frau Dekant im Raum Duisburg wohnte. Sogar Herr Dekant selbst geriet aufgrund verschiedener

Zeugenaussagen in Tatverdacht. Auch dessen besten Freund Bertram Mangold durchleuchteten die Ermittler. Es wurde vermutet, dass er homosexuell veranlagt war. Die Annahme, einer von ihnen könnte Claudia Dekant beseitigt haben, weil sie der Männerfreundschaft im Wege stand, fand letztlich keine Bestätigung. Ohne den Täter ermittelt zu haben, wurde die MOKO-Dekant nach Wochen harter, aber erfolgloser Ermittlungsarbeit wieder aufgelöst.

Nun konnte nur noch der vielzitierte Kommissar Zufall oder ein Fehler des Täters die Aufklärung des Falles erneut ins Rollen bringen.

Fast auf den Tag genau ein Jahr später musste die Kripo Duisburg einen Vermisstenfall bearbeiten. Rafael Belling, der 25-jährige Bruder von Frau Dekant, meldete seinen Vater Friedhelm als abgängig. Bei den Eltern von Claudia und Rafael handelte es sich um eine angesehene und gut situierte Familie aus einem kleinen Vorort von Duisburg. Das Ehepaar Belling konnte keine Kinder bekommen und so hatten sie vor langen Jahren zuerst Rafael und danach Claudia adoptiert. Die Kinder wuchsen in geordneten Verhältnissen auf. Dann erkrankte Frau Belling an Krebs und verstarb alsbald. Einen Tag nach ihrem Tod verschwand ihr 64-jähriger Ehemann spurlos. Zuerst nahm man an, Herr Belling hätte den Tod seiner Frau nicht verkraftet und sei deshalb in Selbstmordabsicht verschwunden. Das war auch die einzige Erklärung, die Rafael Belling für das Verschwinden seines Adoptivvaters hatte.

Nach Friedhelm Belling wurden von der Kripo Duisburg die üblichen Fahndungsmaßnahmen eingeleitet. Der mit dem Fall beauftragte Sachbearbeiter setzte ganz auf die Beerdigung von Frau Belling. Er hoffte, Herr Belling würde zu dem Begräbnis erscheinen, falls er noch lebt. Der Kriminalbeamte befragte unmittelbar vor der Beerdigung enge Verwandte und Bekannte nach dem eventuellen Verbleib des Vermissten. Die

Befragungen verliefen jedoch ergebnislos. Keiner konnte sachdienliche Angaben machen.

Zwei Tage nach der Beerdigung meldete sich eine Schwägerin des Vermissten und gab zu Protokoll, sie habe den Verdacht, dass Rafael Belling mit dem Verschwinden seines Vaters etwas zu tun haben könnte. Ihren Verdacht begründete sie damit, dass die beiden in letzter Zeit mehrfach Streit miteinander hatten und Herr Belling senior geäußert hatte, er werde sein Testament zu Ungunsten seines Sohnes ändern. Bei einer erneuten Befragung bestätigten mehrere Verwandte die Aussage der Schwägerin. Außerdem sagte ein Angehöriger aus, dass es in Karlsruhe ähnlich gewesen sei: Erst sei die Schwester Rafael Bellings spurlos verschwunden und dann sei sie ermordet aufgefunden worden.

Diese Aussage war der Anlass, dass sich der Kriminalbeamte mit seinen Kollegen von der Kripo Karlsruhe in Verbindung setzte. Bis zu diesem Zeitpunkt hatte weder die Kriminalpolizei Karlsruhe etwas von dem neuen Vermisstenfall in Duisburg, noch die Kriminalpolizei Duisburg von dem Mordfall Claudia Dekant in Karlsruhe erfahren. Womöglich waren Verluste im überregionalen Informationsaustausch aufgetreten. In Karlsruhe schrillten natürlich sofort alle Alarmglocken. Allerdings stellte sich sehr schnell heraus, dass Rafael Belling für die ermittelte Tatzeit des Mordes an seiner Adoptivschwester ein wasserdichtes Alibi hatte. Zur fraglichen Zeit hielt er sich nachweislich zusammen mit seinem Freund Dietmar Seidel in Portugal auf. Den Beamten lagen entsprechende Ansichtskarten der Urlaubsreise und auch die glaubhaften Angaben des Freundes vor. Auch für die Zeit des Verschwindens seines Adoptivvaters hatte Rafael Belling ein Alibi. Er gab an, bei einem Bekannten gewesen zu sein, was dieser auch bestätigte. Der Tatverdacht gegen ihn konnte also nicht aufrechterhalten werden. Doch die Kriminalbeamten ließen nicht locker. Sie ermittelten fieberhaft und fanden bald heraus, dass Francesca Taglieri, die ehemalige Freundin Rafaels, zwei Monate zuvor ebenfalls spurlos verschwunden war.

Francesca, eine in Deutschland geborene Italienerin, wollte unmittelbar nach einer Italienreise ihre Mutter in Hamburg besuchen, kam dort aber nie an. Die junge Frau war Rafael Bellings langjährige Freundin. Ein paar Wochen vor ihrem Verschwinden hätten sie sich – nach Rafaels Aussage – allerdings getrennt. Über den Verbleib seiner Exfreundin konnte Herr Belling keine sachdienlichen Angaben machen. Er gab zwar zu, sie kurz vor ihrem Verschwinden noch in Heidelberg getroffen zu haben. Danach hätte er aber nichts mehr von Francesca gehört. Es konnte nicht einmal ein genauer Zeitpunkt des Verschwindens der jungen Frau recherchiert werden, so dass sich eine diesbezügliche Alibiüberprüfung Rafaels erübrigte.

Die Informationen reichten der Kripo Duisburg aber aus, um eine Mordkommission zu bilden, der 20 Beamte angehörten. In den folgenden Tagen wurde Rafael Belling mehrfach vernommen. Die Polizisten hofften, dass er sich irgendwann eine Blöße geben oder dem Druck nicht mehr standhalten würde. Sie spekulierten auf ein Geständnis. Zudem wurde er rund um die Uhr observiert. Seine wichtigsten Bezugspersonen sowie die Alibizeugen befragte die Kriminalpolizei noch mal eingehend. Letztlich lief alles darauf hinaus, dass Rafael Belling als einziger Überlebende der Familie gut eine Million DM an Barvermögen plus Immobilienbesitz erbte. Nachzuweisen war ihm aber nicht das Geringste, zumal er sich bei den Vernehmungen äußerst geschickt verhielt. Die Ermittlungen drohten, sich festzufahren.

In diesem Stadium meldete sich plötzlich die 23-jährige Anabell Reiser, die neue Freundin Rafael Bellings, telefonisch bei der Mordkommission Duisburg. Auch sie war einige Tage zuvor schon zu der Vermisstensache Friedhelm Belling befragt worden. Sie deutete in dem Telefonat an, zumindest über eine der verschwundenen Personen etwas zu wissen. Aus ihren

Äußerungen konnte auch entnommen werden, dass sie inzwischen Angst vor Belling hatte. Der Zeugin wurde Vertraulichkeit sowie die Aufnahme in ein Zeugenschutzprogramm in Aussicht gestellt, sofern die gesetzlichen Voraussetzungen dafür vorlägen und es die Lage erfordern würde. In einer erneuten Vernehmung gab sie an, Rafael Belling habe ihr vor kurzem, während eines Spazierganges am Rhein, erzählt, dass er für die Ermordung seines Adoptivvaters, seiner Schwester und auch seiner Exfreundin verantwortlich sei. Annabell Reiser studierte mit Leib und Seele Psychologie und hatte nach ihrer ersten polizeilichen Vernehmung begonnen, das Verhalten ihres Freundes bei jeder sich bietenden Gelegenheit genau zu beobachten und ihn auch geschickt auszufragen. Schließlich konnte sie ihn so weit bringen, sich ihr zu offenbaren. Das Gespräch mit ihm sei ziemlich diffus gewesen. Er hätte erzählt, er wolle Deutschland verlassen und sich in Neuseeland eine neue Existenz aufbauen. Zusammen mit seinem Freund Dietmar Seidel und dessen Freundin gehöre er einer terroristischen Vereinigung an (was jedoch zu keiner Zeit zutraf). Er und Dietmar hätten anderen Mitgliedern der Vereinigung Autos beschafft und Einbruchsdiebstähle begangen. Da er an das Geld der Eltern rankommen wollte, musste erst seine Schwester Claudia sterben und dann seine Freundin Francesca, da sie über die kriminellen Aktivitäten der beiden Bescheid wusste und allmählich zum Risiko wurde. Zuletzt sei der Adoptivvater umgebracht worden. Der Mord an der Mutter habe sich erübrigt, da sie zuvor an Krebs gestorben war.

Die Aussage der Zeugin reichte aus, gegen Rafael Belling einen Haftbefehl zu erwirken. Der der Mittäterschaft dringend verdächtige Dietmar Seidel setzte sich mit seiner Freundin noch rechtzeitig ab, da er davon Wind bekommen hatte, dass er festgenommen werden sollte. Gegen die beiden Flüchtigen wurde ein internationaler Haftbefehl erlassen.

In der Untersuchungshaft leugnete Belling zunächst hartnäckig. Doch ebenso hartnäckig blieben die Kriminalbeamten an ihm dran. Schließlich brach er unter der Last der gegen ihn erhobenen Vorwürfe und den fundierten Angaben seiner Freundin zusammen. Er gestand, zusammen mit Dietmar Seidel die drei Morde begangen zu haben.

Nach dem ersten Geständnis, bei dem zunächst nur im Groben der Hergang der Taten abgesteckt werden konnte, beging Belling in der darauf folgenden Nacht einen Selbstmordversuch. Er schnitt sich mit einer Blattfeder, die er aus dem Spülkasten einer Toilette ausgebaut hatte, die Pulsadern auf. Wie die meisten Selbstmörder brachte er sich die Schnitte nicht längs der Adern, sondern quer dazu bei, was in aller Regel nicht zum Tod führt, weil sich die Adern von selbst zumindest soweit verschließen, dass es nicht zu einem lebensbedrohlichen Blutverlust kommt. Belling wurde gerettet und soweit ärztlich versorgt, dass er wieder vernehmungsfähig war. Bei den anschließenden Verhören schilderte er in aller Ausführlichkeit, wie es zu den Morden gekommen war.

Seidel lernte er etwa vor zehn Jahren in der Berufsschule kennen. Ihm gefiel die unkonventionelle Art und die freiheitlich orientierte Lebensweise des Gleichaltrigen. Sie wurden sehr bald dicke Freunde, was der Familie Belling größtenteils verborgen blieb. Rafael Belling führte ab dieser Zeit ein Doppelleben. Zu Hause den anständigen Sohn mimend, ließ er sich immer mehr in die kriminellen Ziele und Machenschaften Dietmar Seidels hineinziehen. Sie verübten Einbruchsdiebstähle und klauten Autos, deren Fahrgestellnummern sie geschickt nach den Kfz-Briefen billig aufgekaufter Schrottfahrzeuge umänderten. Die gestohlenen Autos verkauften die beiden Männer zwar nur mit mäßigen Gewinnen weiter, doch das Geld war bei ihrem nicht allzu hohen sonstigen Monatseinkommen ein willkommenes Zubrot. Obwohl Rafael Belling vermögende Adoptiveltern hatte, wurde er von ihnen finanziell nicht unterstützt. Sein Lohn als Kunstschmied war nicht besonders hoch. Dietmar Seidel verdiente als Kfz-Mechaniker auch nicht besonders viel, obwohl er als sehr guter Fachmann galt. Mit den höheren Einnahmen aus den Straftaten wuchsen aber auch ihre Ansprüche an ein angenehmeres Leben. Sie leisteten sich nun das eine oder andere, so dass das Geld immer schnell wieder weg war.

Schon zu der Zeit waren sowohl die Freundin Seidels als auch die von Belling in die Unternehmungen eingeweiht. Seidel war stets die treibende Kraft. Er hatte die Ideen und setzte Belling geschickt als Mittäter ein. Da beide Täter über eine beachtliche Intelligenz verfügten und ihren Straftaten meistens eine gute Planung vorausging, gerieten sie nie in das Visier der Polizei. Durch ihre Erfolge bauten sich bei Seidel und Belling die Hemmschwellen zu immer schwereren Taten mehr und mehr ab. Die Erlöse aus den Diebstählen erschienen ihnen bald zu gering, zumal sie große Pläne zum Auswandern schmiedeten. Dem Leben in Deutschland aus politischen und sonstigen Gründen überdrüssig, wollten sie nach Neuseeland übersiedeln und sich dort eine ganz neue Existenz aufbauen. Wenn möglich wollte man sich sogar eine eigene kleine Insel kaufen. Dazu benötigte man aber Geld und zwar viel Geld.

Seidel wusste, dass die Familie Belling vermögend war. Er hatte sich mehrfach danach erkundigt. So lenkte er in Gesprächen mit Rafael das Thema gezielt in die Richtung einer möglichen Erbschaft und wie sie zu forcieren sei. Nach mehreren Diskussionen sahen sie schließlich nur eine Möglichkeit: Bellings Adoptiveltern und seine Adoptivschwester mussten nach einem genauen Zeitplan aus dem Wege geräumt werden.

Den anfänglichen Skrupeln Bellings hielt Seidel sehr überzeugend entgegen, dass er selbst seine eigenen Angehörigen - immerhin fünf Geschwister und die Eltern – zur Verwirklichung des großen, gemeinsamen Zieles auslöschen würde, wenn die Familie, die von der Sozialhilfe lebte, ähnlich vermögend wäre wie die seine. Zum Beweis für die Ernsthaftigkeit seiner Worte tötete Seidel kurzerhand seinen Hund, den er sehr liebte.

Der erste Mord

Da zu befürchten war, dass die jungverheiratete Claudia Dekant alsbald schwanger werden könnte und durch die Geburt eines Kindes ein weiterer Erbe im Wege stünde, musste sie als Erste beseitigt werden. Um sich ein Alibi zu verschaffen, unternahmen Seidel und Belling ganz offiziell eine Urlaubsreise nach Portugal. Von dort schrieben sie fleißig Urlaubskarten und ließen auch absichtlich ihr Fahrzeug auf einer Straße im Halteverbot stehen, während sie sich ins Flugzeug setzten und nach Straßburg flogen. Am Flughafen Straßburg nahmen sie sich ein Taxi und ließen sich nach Kehl chauffieren, wo sie ein Auto stahlen, mit dem sie dann nach Karlsruhe fuhren.

Belling kannte die Gewohnheiten seiner Schwester. Er wusste, wann sie morgens ihre Wohnung verließ, um zur Arbeit zu fahren. Der Plan war, sie am Bahnhof abzufangen und sie unter dem Vorwand, man würde sie zur Arbeit fahren, in das Auto zu locken, wo sie dann erdrosselt werden sollte. Es war genau festgelegt, wer welche Aufgabe zu übernehmen hatte. Um zu verhindern, dass Claudia mit dem Pkw ihres Mannes fuhr, zerstachen sie einen Reifen des Fahrzeugs. Den Mördern kam der Umstand entgegen, dass Claudia an dem Tag nicht mit der Straßenbahn, sondern mit dem Fahrrad zum Bahnhof fuhr. So konnten sie ihr leicht folgen und sie, wie geplant, am Bahnhof ansprechen. Sie gaben vor, gerade von ihrer Portugalreise zurückgekommen zu sein. Zufällig seien sie um diese Zeit auf der Autobahn in Höhe von Karlsruhe gewesen, weshalb man sich entschlossen habe, ihr einen Besuch abzustatten. Belling fragte seine Schwester, ob sie sich in ihrer Wohnung frisch machen könnten, bevor sie nach Duisburg weiterfahren würden. Claudia freute sich sehr, ihren Bruder nach langer Zeit mal wiederzusehen. Sie stieg völlig arglos in das Fahrzeug ein, als die beiden ihr anboten, sie noch zu ihrer Arbeitsstelle zu fahren.

Seidel fungierte als Fahrer, während Belling auf dem Rücksitz direkt hinter Claudia Platz nahm. Absichtlich fuhr Seidel dann auf den falschen Autobahnzubringer. Er entschuldigte sich dafür, während Belling mit ihm schimpfte. Auch Claudia war etwas ungehalten über das Ungeschick Seidels. An der nächsten Ausfahrt verließen sie die Autobahn. Wieder verfuhr sich Seidel absichtlich, bis sie nach kurzer Zeit ein größeres Waldgebiet erreichten. Unter dem Vorwand, austreten zu müssen, fuhr Seidel abseits der Straße auf einen Waldweg. Belling hatte sich bereits Handschuhe angezogen, um das Springseil, das er als Drosselwerkzeug verwendete, fester zuziehen zu können und um sich dabei nicht zu verletzen. Zuvor hatten sie den Tatablauf genau eingeübt. Belling hatte bei Seidel geprobt, wie er das Seil über dessen Kopf werfen und es um den Hals schlingen konnte, ohne dass der andere eine Chance zur Gegenwehr hatte. Als Seidel den Wagen anhielt, war das für Belling das Zeichen, in Aktion zu treten. Mit den Worten »Siehst du da vorne das Eichhörnchen?«, schlang er blitzschnell seiner arglosen Schwester das Springseil um den Hals und zog es mit aller Kraft zu. Dabei stemmte er beide Knie gegen die Rückenlehne des Vordersitzes. Die völlig überraschte Claudia konnte nicht einmal mehr schreien. Sie zog lediglich reflexartig ihre Beine nach oben, doch Seidel drückte sie wieder nach unten. Während Belling immer noch mit äußerster Kraft seine bereits leblose Schwester drosselte, fuhr Seidel nun etwas weiter in den Wald hinein. Claudia bewegte sich schon längst nicht mehr, dennoch zog Belling weiter an dem Seil. Dicke Schweißperlen standen inzwischen auf seiner Stirn und aus seinem Mund rann ihm der Speichel.

Erst als Seidel das Fahrzeug anhielt und zu Belling sagte, er könne jetzt endlich aufhören, die sei doch schon lange tot, ließ Belling das Seil los. Beide zogen die Leiche aus dem Wagen und entkleideten sie völlig, um entsprechend ihrem Plan ein Sexualdelikt vorzutäuschen. Der Leichnam wurde in einer kleinen Kuhle abgelegt und Belling führte seiner toten Schwester noch einen Gummipenis in die Vagina ein. Bevor Seidel die Leiche mit Laub und Zweigen abdeckte, schlug er mehrfach mit einem Wagenheber auf den Kopf des Opfers. Anschließend suchten die Mörder noch die Umgebung des Tatortes ab, um sicher zu gehen, dass sie keine Gegenstände zurückließen, die ihre Identifizierung möglich gemacht hätten. Sowohl die Kleidung des Opfers als auch ihre eigene Bekleidung verbrannten sie später auf dem Rückweg nach Straßburg. Kaum 24 Stunden später befanden sie sich wieder an ihrem Urlaubsort, wo sie unter lautem Protest bei der dortigen Polizei ihr Strafmandat wegen Falschparkens bezahlten, nicht ohne sich eine Quittung ausstellen zu lassen. Somit hatten sie ein Alibi, das jeder polizeilichen Überprüfung standhielt.

Der zweite Mord

Seidel und Belling waren sich nach dem ersten Mord bewusst, dass sie sich nun auf einer ganz anderen Ebene der Kriminalität bewegten als bisher. Sie wussten auch, welch hohes Risiko sie eingingen, um ihr Ziel des forcierten Erbens zu verwirklichen. Beide waren bisher Meister darin, bei ihren Straftaten das Risiko bis auf ein Minimum zu reduzieren.

Ohne dass sie es selbst in irgendeiner Weise wahrnahm, begann Francesca Taglieri, die Freundin Bellings, zum unkalkulierbaren Risiko zu werden. Belling und sie verstanden sich nicht mehr so gut. Es gab des Öfteren Meinungsverschiedenheiten. Belling begann heimlich, Francesca und ihr Verhältnis zu ihm durch Tests zu prüfen. Da diese Tests seiner Meinung nach negativ verliefen, wurde der Entschluss gefasst, Francesca aus dem Wege zu räumen. Als seine Freundin für einige Zeit zu ihrem Vater nach Italien reiste, streute Belling im Bekanntenkreis das Gerücht, dass sie sich getrennt hätten.

In Wirklichkeit wollte er nur noch die Rückkehr Francescas abwarten, um sie als riskante und manchmal auch geschwätzige Mitwisserin für immer zum Schweigen zu bringen.

Zu diesem Zweck hielt Belling zu seiner ahnungslosen Freundin telefonischen Kontakt. So erfuhr er, wann sie ihre Rückreise antreten und welche Route sie nehmen wollte. Sie plante, auf ihrem Rückweg von Italien mehrere Bekannte und ihre Mutter in Hamburg zu besuchen.

Ursprünglich wollten Seidel und Belling die junge Frau bereits in Italien töten. Seidel hatte schon ein akkubetriebenes Elektromesser gekauft, mit dem Francesca nach dem Mord zerstückelt werden sollte. Die Tat wollten sie in Triest begehen. Dort ergab sich aber keine günstige Gelegenheit, weshalb sie sich für Düsseldorf als neuen Tatort entschieden. Sie vereinbarten telefonisch ein Treffen mit Francesca. Belling gab vor, Dietmar Seidel würde zufällig nach Hamburg fahren und könne sie mitnehmen, da sie in Hamburg ja ihre Mutter besuchen wolle. Um das Angebot für seine Freundin etwas verlockender zu machen, stellte Belling ihr in Aussicht, dass Seidel sie, die gerade dabei war, ihren Führerschein zu machen, auch ein Stück weit ans Steuer lassen wolle, damit sie Fahrpraxis bekäme. Die junge Frau willigte ein, womit sie ahnungslos ihr Todesurteil unterschrieb. Wie verabredet, holten die beiden Männer Francesca auf einem Parkplatz ab. Belling verabschiedete sich dort. Es war abgesprochen, dass Seidel den Job diesmal allein machen sollte.

Als sich die beiden Mörder zwei Tage später wieder auf dem Grundstück von Seidels Freundin trafen, fragte Belling: »Und was ist?« Seidel antwortete mit eiskalter Stimme: »Es ist alles erledigt, die findet keiner mehr.« Dabei öffnete er die Tür eines großen Töpferofens und Belling sah darin nur noch ein Häufchen erkalteter Asche und Reste des verbrannten Akkus des Elektromessers. »Das ist alles, was noch übrig geblieben ist«, bemerkte Seidel mit einem triumphierenden Grinsen.

Der dritte Mord

Um dem Ziel des forcierten Erbens endgültig näher zu kommen, wurden mehrere Ideen entwickelt. Fest stand, dass beide Elternteile aus dem Wege geräumt werden mussten, um das gesamte Erbe zu erhalten.

Mit welch unglaublich hoher krimineller Energie und großer Brutalität die beiden Täter ausgestattet waren, verdeutlicht ein Plan, nach dem die Eltern Bellings umgebracht werden sollten. Die Adoptiveltern Bellings sollten über eine gewisse Zeit observiert werden, um herauszubekommen, wo sie regelmäßig hinfahren. Danach wollte man eine geeignete und viel befahrene Stelle suchen, an dem man einen Überfall nach dem Muster der RAF oder Mafia verüben konnte. Geplant war, dass man den Verkehr zum Stillstand bringen und dann mit Maschinenpistolen in mehrere Fahrzeuge schießen würde, wobei darauf geachtet werden sollte, mindestens ein fremdes Fahrzeug besonders stark zu beschießen, um von dem weniger stark beschossenen Pkw der Bellings abzulenken. Gleichwohl sollte jedoch absolut sichergestellt werden, dass neben einer Vielzahl von unbeteiligten Personen bei dem Anschlag natürlich auch die Bellings zu Tode kommen. Wegen des damit verbundenen hohen Aufwandes und Risikos wurde der Plan letztlich doch nicht umgesetzt.

Nachdem sich der Gesundheitszustand von Bellings krebskranker Mutter rapide verschlechtert hatte, verstarb sie fast auf den Tag genau ein Jahr nach Claudias Tod. Dies war das Signal, endlich auch den Adoptivvater zu töten. Rafael Belling und Dietmar Seidel hatten den Mord schon lange geplant. Alle Einzelheiten waren besprochen. Man wollte die einmalige Gelegenheit wahrnehmen, einen Selbstmord vorzutäuschen. Es schien plausibel, dass Friedhelm Belling sich das Leben nahm, nachdem seine über alles geliebte Tochter Claudia und nun auch seine Frau nicht mehr lebten.

Geplant war, das Opfer unter einem Vorwand in die Nähe einer Bahnlinie zu locken. Dort sollte er niedergeschlagen und bewusstlos auf die Schienen gelegt werden. Seinen Pkw wollte man in unmittelbarer Nähe des Tatortes abstellen. Durch den Zug sollte die Leiche derart zerfetzt werden, dass die ihm zugefügten Schlagverletzungen nicht mehr zu sehen sein würden.

Friedhelm Belling wurde durch den so genannten Polizeitrick in die Falle gelockt. Seidel, den Herr Belling nicht oder nur ganz flüchtig kannte, befand sich im Besitz einer Polizeiuniform, eines Polizeianhaltestabes und eines Blaulichtes, das sich mittels Magnethalterung auf jedem Autodach befestigen ließ.

Einen Tag nach dem Tod seiner Mutter bat Rafael Belling seinen Adoptivvater, er möge ihn zu einem Freund fahren, der mit einer Panne liegengeblieben sei. Es war bereits später Abend. Rafael Belling gab vor, er wolle nicht selbst und allein fahren, da ihn der Tod der Mutter physisch und psychisch sehr mitgenommen habe.

Rafael Belling dirigierte seinen Vater auf eine dunkle, abgelegene und nur wenig befahrene Seitenstraße, weit draußen im freien Gelände. Ein herannahendes Auto konnte man dort schon kilometerweit sehen. Keine 30 Meter entfernt, parallel zur Straße, verlief eine Bahnlinie. An einer bestimmten Stelle, etwas abseits der Fahrbahn, wartete Seidel mit seinem als Zivilstreife getarnten Pkw. Als die beiden vorbeifuhren, nahm er die Verfolgung auf, um nach kurzer Zeit den Wagen Bellings mit Blaulicht und Winkerkelle anzuhalten. Friedhelm Belling glaubte zunächst, er sei zu schnell gefahren. Als der falsche Polizist an die Fahrerseite trat und ihm sagte, dass die TÜV-Plakette an seinem Pkw nicht in Ordnung sei, atmete Herr Belling erleichtert auf. Sein Wagen war nämlich erst vor kurzem in einer Werkstatt, wo die neue TÜV-Abnahme vorgenommen worden war. Was er nicht wissen konnte, war der Umstand, dass sein Sohn vor der Abfahrt die Hälfte der TÜV-Plakette abgekratzt hatte, um dem falschen Polizisten einen Grund zur

Kontrolle zu liefern. Es war abgesprochen, dass Rafael Belling mit einer schweren Stabtaschenlampe seinen Vater hinterrükks niederschlagen sollte, sobald dieser sich nach dem TÜV-Stempel bücken würde. Schließlich standen alle drei am Heck des Fahrzeuges. Seidel leuchtete mit der Taschenlampe auf das Kennzeichen. Als sich Friedhelm Belling nach unten beugte, um nach der Plakette zu schauen, gab er Rafael Belling die Taschenlampe. Dieser hatte jedoch plötzlich Skrupel und schlug nicht zu. Herr Belling wollte nun dem Polizisten anhand des Fahrzeugscheines beweisen, dass erst vor kurzem die TÜV-Abnahme erfolgt sei und begab sich nach vorne zur Fahrertür. Durch drohende Blicke gab Seidel Belling junior zu verstehen, dass er endlich zuschlagen solle. Nach nochmaligem kurzen Zögern schlug Rafael Belling die schwere Taschenlampe auf den Hinterkopf seines Vaters. Die erwartete Wirkung blieb jedoch aus. Das Opfer drehte sich um und begriff nun blitzschnell, dass man ihm nach dem Leben trachtete. Er beschimpfte seinen Sohn: »Du Bastard!« schrie er. »Ich habe es immer gewusst, du bist ein Krimineller! Du ...«. Rafael Belling schlug noch zweimal zu, aber Friedhelm Belling konnte schützend die Arme über den Kopf halten und zum Gegenangriff übergehen. Trotz seiner 64 Jahre war Belling senior noch sehr rüstig und mit einer Größe von 1,88 Meter bei etwa 85 Kilogramm Körpergewicht eine imposante und immer noch sportlich wirkende Erscheinung.

Als Seidel sah, dass sein Komplize in Bedrängnis geriet und weit davon entfernt war, das Opfer bewusstlos zu schlagen, zog er seinen Revolver aus dem Holster und schoss zweimal aus nächster Nähe auf Friedhelm Belling. Die erste Kugel schlug in den Kopf des Opfers ein und war bereits tödlich. Das zweite Geschoss drang in den Rücken ein und zerfetzte einen Großteil der Lunge und des Herzens.

Seidel verwendete nämlich sogenannte Dum-Dum-Geschosse aus Blei vom Kaliber 38. Diese Munition hat die Eigenschaft, im Körper sofort aufzupilzen, was schwere innere

Verletzungen hervorruft. Da das Geschoss in nahezu allen Fällen stecken bleibt, muss der Körper die gesamte Bewegungsenergie des Projektils absorbieren. Das führt zu einer sofortigen Schockwirkung. Man spricht hier auch von einer so genannten Mann-Stopp-Wirkung. Während nämlich ein mit normaler Munition, bestehend aus einem Bleikern mit einer Kupfer-Antimon-Ummantelung, getroffener Mensch auch bei großen Kalibern durchaus noch kampffähig sein kann, ist das bei Verwendung von Dum-Dum-Geschossen wegen der Schockwirkung und den enormen inneren Verletzungen ausgeschlossen.

Als Friedhelm Belling durch die beiden Einschüsse in seinem Körper gegen sein Fahrzeug geworfen wurde und dann zu Boden sank, war er bereits tot. Und nun trat bei Rafael Belling, ähnlich wie bei dem Mord an seiner Schwester, ein unglaublich brutales Verhalten zu Tage. Wie eine blutdrünstige Bestie warf er sich auf den toten Vater, umklammerte mit aller Kraft dessen Hals und würgte ihn, undefinierbare Laute ausstoßend, minutenlang. Er hörte erst auf, als Seidel ihm mehrfach mit dem Fuß in die Seite stieß und ihn schließlich anbrüllte, dass der Alte schon längst tot sei. Rafael Belling richtete sich langsam auf. Schweiß rann über sein Gesicht. An seiner Unterlippe hing weißlicher Mundschleim. Mit weit aufgerissenen Augen schaute er Seidel an. Die Lage eiskalt einschätzend, stieß dieser in befehlendem Ton hervor: »Wir müssen so schnell wie möglich hier weg. Los pack an! Der Alte kommt in den Kofferraum meines Fahrzeuges und du fährst mir mit seinem Wagen hinterher. Verstanden!«

Beide fuhren nun auf einem schmalen Seitenweg in Richtung der Bahngleise, die in der Nähe des Tatortes lagen. Dort konnten sie, abseits der Straße, in aller Ruhe über das weitere Vorgehen beratschlagen. Als ein Zug vorbeidonnerte meinte Seidel: »Der wäre es gewesen. Aber das können wir jetzt wohl vergessen. Wenn die Bullen die Kugeln in der Leiche finden, sind wir aufgeschmissen. Das ist sicher. Wir müssen uns etwas anderes einfallen lassen.«

Rafael Belling hatte sich inzwischen wieder voll unter Kontrolle. Er stimmte seinem Komplizen zu. Nach einigem Hin und Her kam man überein, dass Seidel die Leiche auf die gleiche Art verschwinden lassen sollte, wie er es bei Francesca Taglieri getan hatte. Belling übernahm die Aufgabe, das Fahrzeug seines Vaters zum Bahnhof Duisburg zu fahren und dort auf einem Parkplatz ordnungsgemäß abzustellen. Damit sollte bei Auffinden des Autos der Eindruck erweckt werden, sein Vater sei mit einem Zug weggefahren, um an einem unbekannten Ort Selbstmord zu begehen. Das war zwar nicht die optimalste Lösung, aber immerhin eine, die von der Polizei nur schwer widerlegbar sein würde.

Am übernächsten Tag fand die Beerdigung von Frau Belling statt. Vor allen Anwesenden zeigte Rafael Belling dort in eindrucksvoller, ja fast peinlicher Weise ein ganz anderes Gesicht. Scheinbar tief betroffen vom Tod seiner Mutter brach er am offenen Grab hemmungslos schluchzend in Tränen aus.

Sieben Tage danach wurde er verhaftet. Etwa elf Monate nach seiner Verhaftung wollte er aus dem Untersuchungsgefängnis ausbrechen. Er hatte nach klassischer Manier bereits zwei Gitterstäbe an seinem Zellenfenster durchgesägt und wollte sich mit zusammengeknoteten Bettlaken in den Gefängnishof abseilen. Hierbei wurde er jedoch entdeckt.

Kurze Zeit später fand in Abwesenheit seines Mittäters die Verhandlung gegen Rafael Belling vor dem Landgericht in Duisburg statt. Er wurde in allen drei Fällen des Mordes für schuldig befunden. Für jede der drei Mordtaten erhielt er eine lebenslängliche Freiheitsstrafe. Aus diesen drei Einzelstraftaten wurde gemäß § 54 des Strafgesetzbuches eine lebenslange Gesamtfreiheitsstrafe gebildet. Außerdem wurde auf eine besondere Schwere der Schuld im Sinne des § 57a erkannt, mit der Folge, dass Belling nach Verbüßung der für Mörder üblichen Mindestfreiheitsstrafe von 15 Jahren nicht freikommt.

Die Flucht des Mittäters

Dietmar Seidel und seine Freundin Sandra de Rossi konnten sich der Festnahme durch eine Flucht entziehen. Beide waren wie vom Erdboden verschluckt. Zunächst wurde im Duisburger Raum fieberhaft nach ihnen gesucht, bevor die Fahndung auf das gesamte Bundesgebiet und das benachbarte Ausland ausgeweitet wurde. Doch ohne Erfolg.

Wie später ermittelt werden konnte, versuchten die Flüchtigen in den ersten Tagen bei einer Verwandten in Flensburg unterzuschlüpfen. Als die Tante aber erfuhr, weshalb die beiden auf der Flucht waren, versagte sie ihnen den Unterschlupf.

Inzwischen war von der Staatsanwaltschaft Duisburg für Hinweise, die zur Ergreifung der Flüchtigen führten, eine Belohnung von 5.000 DM ausgesetzt. Bei Dietmar Seidel handelte es sich zweifellos um einen Verbrecher der brutalsten Sorte, aber vor seiner Festnahme hatte er panische Angst. Immer wenn er einen Streifenwagen sah, eine Polizeisirene oder das Geräusch eines Hubschraubers hörte, stieg sein Adrenalinspiegel sprunghaft an. Bei der kleinsten Vermutung, er könnte entdeckt worden sein, bekam er einen Schweißausbruch, da er damit rechnete, dass er bei seiner Festnahme erschossen werden könnte. Wie gehetzte Tiere fuhren er und seine Freundin quer durch Deutschland. Sie hielten sich nie länger als ein oder zwei Tage an einem Ort auf.

Einmal, als Seidel mit den Nerven völlig am Ende war, nahm er Kontakt mit einem Rechtsanwalt auf und signalisierte, dass er sich stellen wolle. Dazu kam es jedoch nicht, da Seidel wieder einen Rückzieher machte. Ein anderes Mal rief er bei seiner Mutter an und teilte mit, dass er zu allem entschlossen sei, auch zu einem Selbstmord, wenn es keinen Ausweg mehr gäbe. Die Flucht der beiden ging schließlich durch ganz Europa. Inzwischen hatte Seidel für sich und seine Freundin neue Pässe besorgt.

Eine erste Spur hinterließ er in Frankreich. Dort besuchte er in einem kleinen Ort seine Schwester, die bei einer Familie als Au-pair-Mädchen arbeitete. Dem Hausvorstand fiel aber das seltsame Verhalten des deutschen Paares auf, und er verständigte die Polizei. Bevor diese jedoch eintraf, konnte Seidel mit seiner Freundin entwischen. Etwas später tauchten die Flüchtigen in Italien bei Verwandten von Sandra de Rossi auf. Dort wurden sie allerdings abgewiesen, da Sandra de Rossi einen schlechten Ruf innerhalb ihrer italienischen Verwandtschaft hatte. Früher hatte sie nämlich in dem kleinen Ort Diebstähle begangen, was als große Schande für die Familie angesehen worden war.

Sandra de Rossi war bereits vor ihrer Flucht schwanger und brachte nun an einem unbekannten Ort ihr Kind zur Welt. Das Kind, ein gesunder Junge, war den beiden bei ihrer Flucht jedoch hinderlich, weshalb sie es heimlich zu Dietmar Seidels Eltern brachten. Dort war es jedoch nur wenige Wochen. Anschließend brachte es Sandra de Rossi zu einer Freundin. Als der Fahndungsdruck auf die Flüchtigen zu groß wurde und die Freundin das mitbekam, verständigte sie die Behörden und das Kind wurde durch das zuständige Jugendamt einer Pflegefamilie übergeben.

Seidel verstand es immer wieder, mit Familienangehörigen telefonisch oder auch auf andere Weise in Kontakt zu treten, ohne dass dabei sein Aufenthaltsort bekannte wurde. Er und Sandra wollten nicht, dass das Kind bei einer Pflegefamilie aufwuchs. Mehrfach gaben sie Instruktionen, das Kind der Pflegefamilie wegzunehmen, um es bei Seidels Familie aufwachsen zu lassen. Das wurde jedoch von behördlicher Seite verhindert.

Dann wurde es einige Zeit still um die beiden. Obwohl die Fahndung über Interpol schon längst weltweit ausgedehnt worden war, gab es keine Spur von dem flüchtigen Paar.

Über zwei Jahre nach der Festnahme des Rafael Belling ging bei der Kripo Duisburg völlig überraschend ein Videoband ein. Es zeigte einen in Handschellen gefesselten, offensichtlich entführten jungen Mann. Er saß auf einem Stuhl und im Hintergrund sah man eine Wand, auf der eine Maschinenpistole der Marke Kalaschnikow abgebildet war. Der Entführte verlas einen Text, wonach ein Kommando »Erich von Seggern« eine Million DM und die Übergabe eines zweijährigen Kindes namens Max de Rossi verlangte. Bei Nichterfüllung der Forderungen und Einleitung einer polizeilichen Fahndung müsse der Entführte sterben. Die Geisel stellte sich mit Sebastian Häber aus Tuttlingen vor. Weitere Instruktionen würden über Telefon erfolgen.

Die Videoaufnahme schlug wie eine Bombe in das Dezernat K 1 des Polizeipräsidiums Duisburg ein. Sehr schnell war klar, dass hinter der Entführung und Erpressung der seit langem gesuchte Dietmar Seidel und seine Freundin steckten, die offensichtlich ihren Sohn zurückhaben wollten und dabei nicht davor zurückschreckten, ein weiteres schweres Verbrechen zu begehen. Sehr schnell konnte auch die Identität Sebastian Häbers geklärt werden. Es handelte sich um einen Studenten, der an der Universität in Reims eingeschrieben war. Seine Familie galt als sehr integer. Auch er selber war nie strafrechtlich in Erscheinung getreten. Doch anfänglich stellte sich die Entführungsgeschichte nicht unbedingt als absolut glaubhaft dar. Es stand die Vermutung im Raum, dass der Entführte mit den Flüchtigen gemeinsame Sache machen könnte. Zu spektakulär erschien eine echte Entführung, nur um ein Kind aus einer Pflegefamilie herauszuholen. Innerhalb von fünf Tagen gingen jedoch mehrere Anrufe Dietmar Seidels bei der Kripo Duisburg ein, und die Beamten kamen anhand von Gesprächsanalysen sehr schnell zu der Auffassung, dass Seidel auch dieses Mal zu allem entschlossen war. Sollten seine Forderungen nicht erfüllt werden, konnte man davon ausgehen, dass er die Geisel töten würde.

Daraufhin bildete die Kriminalpolizei einen Krisenstab. Schon vor dem ersten Anruf der Entführer wurde über Interpol die französische Polizei in Alarmbereitschaft versetzt, denn es war zu vermuten, dass die Geisel in Frankreich gekidnappt worden war. Die Zusammenarbeit mit den französischen Behörden funktionierte vorbildlich. Innerhalb kurzer Zeit konnten die Telefonate Seidels geortet und sein jeweiliger Standort lokalisiert werden. Allerdings verhielt sich Seidel sehr geschickt, so dass seine Festnahme zunächst nicht gelang. Es war ein regelrechtes Katz- und Mausspiel zwischen ihm und der mittlerweile mit über 100 Beamten besetzten Sonderkommission. Sämtliche zur Verfügung stehenden technischen Mittel und kriminaltaktischen Möglichkeiten kamen zur Anwendung. Eine gigantische Ermittlungsmaschinerie wurde in Gang gesetzt, die Seidel kaum eine Chance lassen sollte, auf längere Dauer die Erpressung durchzuhalten, ohne dass er schon vor oder aber spätestens bei der Übergabe des Jungen und des Geldes festgenommen würde.

Und wie fast alle Geiselnehmer und Erpresser unterschätzte Seidel die Polizei als Gegner. Obwohl Geiselnahmen und Erpressungen in den seltensten Fällen erfolgreich verlaufen, ist es immer wieder verwunderlich, dass Verbrecher ein so hohes Risiko eingehen. Vermutlich ist kaum einem Täter bewusst, wie gut die Polizei insbesondere bei erpresserischem Menschenraub – z. B. durch Spezialeinheiten – gerüstet ist. Zudem haben die eingesetzten Beamten der Schutz- und Kriminalpolizei als Profis einen riesigen Vorteil gegenüber den Tätern, die ein solches Verbrechen häufig zum ersten Mal begehen. Gerade bei dieser Art von Straftaten sind die Täter oft ungenügend vorbereitet. Haben sie tatsächlich das Glück, nicht oder erst sehr spät gefasst zu werden, ist das meistens auf die unvermeidbare und immanente Trägheit einer großen Sonderkommission oder auf die Unfähigkeit einzelner hoher Entscheidungsträger zurückzuführen. Man denke nur an das katastrophale Ende der Geiselnahme während der Olympischen Spiele 1972 in München oder an die Geiselnahme in Gladbeck. Dennoch sollten sich Verbrecher stets vor Augen halten, dass sie der Polizei bei Geiselnahmen oder Erpressungen – im Gegensatz zu vielen anderen Straftaten – in höchstem Maße Angriffsmöglichkeiten bieten.

Im vorliegenden Fall war es für Dietmar Seidel noch ungleich schwerer, sein Ziel zu erreichen. Er wollte ja hauptsächlich seinen Sohn. Das Lösegeld sollte mehr oder weniger nur eine Beigabe sein. Die Übergabe eines Menschen und seinen weiteren Weg zu überwachen, stellt sich für die Polizei in aller Regel als nicht besonders schwierig dar. Doch zu einer Übergabe kam es im Fall Seidel nicht. Obwohl er ständig seinen Standort wechselte und nur von öffentlichen Telefonzellen aus anrief, zog sich das Netz um ihn und seine Komplizin immer enger zusammen. Wie anfangs vermutet, kamen die Anrufe aus Frankreich. Es war lediglich eine Frage der Zeit, bis nur noch wenige Telefonzellen in Frage kamen, die er benutzen konnte, wollte er sich nicht zu weit von dem Ort entfernen, wo er seine Geisel gefangen hielt und wo vermutlich auch seine Komplizin auf ihn wartete.

Als Dietmar Seidel nach einem weiteren Anruf mit einem triumphierenden Grinsen das Telefonhäuschen verließ, sah er von links eine Frau mittleren Alters herankommen, die einen Rollstuhl schob, in dem offenbar ihr von schwerer Krankheit gezeichneter Ehemann saß. Von rechts kamen ein Fahrradfahrer und ein Jogger. Dann ging alles sehr schnell. Seidel nahm nur bewusst wahr, wie der Fahrradfahrer plötzlich auf ihn zufuhr und der schwerkranke Rollstuhlfahrer wie ein Panther hochschnellte, um ihn mit der vollen Wucht des Sprunges zu Fall zu bringen. Ehe er sich versah, waren vier oder fünf Personen über ihm und kräftige, keinen Widerstand zulassende Hände drehten seine Arme auf den Rücken. Dann hörte Seidel das Klicken der Handschellen und zwar so laut und deutlich, dass ihm schlagartig klar wurde, jetzt ausgespielt zu haben. Mit einem Mal erschlaffte sein gesamter Bewegungsapparat.

Am Boden liegend, wurde er von oben bis unten gründlich durchsucht. Als er danach ruckartig hochgehoben und auf die Beine gestellt wurde, hatte er Mühe, sich aufrecht zu halten. Die Knie, ja sein ganzer Körper begannen plötzlich heftig zu zittern. Er, der sich während der langen Zeit seiner Flucht immer ausgemalt hatte, sich den Bullen niemals widerstandslos zu ergeben, war nun nur noch ein Häufchen Elend. Die großkalibrige Pistole, die er Tag und Nacht im Schulterhalfter trug, nutzte ihm nichts mehr. Wie oft hatte er sich vorgenommen, sich bei einer drohenden Festnahme den Weg freizuschießen und im Notfall die Waffe auch gegen sich selbst zu richten. Doch nun hatte er nicht einmal den Hauch einer Chance bekommen, seine Hand auch nur in die Nähe der Waffe zu bringen.

Ein Großteil der profimäßigen Polizeiarbeit war getan. Der Rest war dann nur noch Formsache.

Sandra de Rossi war nicht minder überrascht, als mit einem ohrenbetäubenden Knall die Tür des Wohnwagens aufgesprengt wurde, in dem sie mit der Geisel auf die Rückkehr ihres Geliebten wartete. Und so wurde, so obskur es auch klingen mag, dem eiskalten Killer letztendlich die Liebe zu seinem zweijährigen Sohn zum Verhängnis.

Da zu befürchten war, dass die Familie Dietmar Seidels einen Ausbruchsversuch des Mörders unterstützen könnte, fand die Verhandlung vor dem Schwurgericht Düsseldorf unter strengsten Sicherheitsvorkehrungen statt. Der in Hand- und Fußfesseln vorgeführte Angeklagte hüllte sich während des gesamten Prozesses in Schweigen. Wie zuvor Rafael Belling erhielt Dietmar Seidel für die verübten Morde dreimal lebenslänglich. Zusätzlich wurden ihm noch erpresserischer Menschenraub in Tateinheit mit Geiselnahme und versuchter schwerer räuberischer Erpressung angelastet, so dass es dem Gericht nicht schwer fiel, auch bei ihm auf die besondere Schwere der Schuld mit den daraus entstehenden Konsequenzen zu erkennen.

Sandra de Rossi wurde als Mittäterin des erpresserischen Menschenraubes zu vier Jahren Gefängnis verurteilt. Ihr wurde zugute gehalten, dass sie von Seidel in die Verbrechen mit hineingezogen worden war.

Im Strafvollzug sind sowohl Seidel als auch Belling als besonders gefährlich eingestuft, was bedeutet, dass sie nicht in den Genuss vieler der heute üblichen Vollzugslockerungen innerhalb der Gefängnismauern kommen.

Voyeuristische Gewalttäter

Das Thema Voyeurismus wird sowohl von der Polizei, den Staatsanwaltschaften und den Gerichten als auch von den Medien und der Öffentlichkeit gern verharmlost. Anhand von einigen ausgewählten Kriminalfällen soll gezeigt werden, dass Spanner nicht so harmlos sein müssen wie es allgemein angenommen wird. Bei den dargelegten Fällen handelt es sich leider nicht um Einzelfälle, wohl aber um Verbrechen, die von besonderer Grausamkeit und Brutalität geprägt sind.

Neugier ist dem Menschen eigen und fördert seine Bildung. Ohne die Neugier gäbe es keine Forschung, keine Entwicklung und keinen Fortschritt. Kaum ein Mensch wird von sich sagen können, dass er nicht neugierig ist. Von Kindesbeinen an bis ins hohe Alter sind wir auch einer sexuellen Neugier unterworfen. Deren Befriedigung kann zum Beispiel durch den Voyeurismus erfolgen. Unter Voyeurismus oder Schaulust versteht man, wenn die Neugier hauptsächlich visuell befriedigt wird. Insbesondere bei Jungen in der Pubertät findet man voyeuristische Verhaltensweisen, die dazu dienen, sich und das andere Geschlecht näher kennen zu lernen. Psychologisch ist dieses Verhalten sinnvoll für eine normale sexuelle Entwicklung. Übertriebene Neugier kann aber auch zu einer Untugend werden. Denn es gibt Menschen, bei denen der Voyeurismus so ausgeprägt ist, dass er die ganze Person beansprucht, zur fixen Idee und zur Sucht wird, die den gesamten Lebensinhalt bestimmt. Um ihre Sucht zu befriedigen, reichen diesen Spannern die Beobachtungen fremder Menschen an Stränden und Umkleidekabinen oder das Betrachten von Pornofilmen oft nicht mehr aus. Unter den Personen, die gezielt ihrer krankhaften Passion zum Voyeurismus nachgehen, gibt es einige, in denen ein hochgefährliches Potential zu sexuellen Straftaten schlummert.

Anlässlich einer Stellungnahme der Landesregierung auf eine Landtagsanfrage im August 2001, die sich mit dem Schutz vor Sexualstraftätern in Baden-Württemberg befasste, wurde eine Sonderauswertung der polizeilichen Personenauskunftsdatei durchgeführt. Nach dieser Auswertung wurden in Baden-Württemberg in den Jahren 1999, 2000 und im ersten Halbjahr 2001 insgesamt 236 so genannte Spannerfälle erfasst. Wobei diese Fälle nur deshalb in die Polizeiliche Kriminalstatistik aufgenommen werden konnten, weil zusätzlich ein strafrechtlich relevantes Delikt wie Hausfriedensbruch, Beleidigung oder Sachbeschädigung angezeigt worden war. Das Spannen allein kann nämlich nicht mit rechtlichen Sanktionen belegt werden. So geht ein Voyeur straffrei aus, wenn er zum Beispiel irgendwo im Wald ein sich vergnügendes Liebespaar beobachtet, sofern er nicht auf sich aufmerksam macht und dadurch die Liebenden über Gebühr belästigt oder beleidigt. Das heißt, wird dieser Spanner ertappt, kann der Fall in keiner elektronischen Datei der Polizei gespeichert werden. Allenfalls gibt es einen kleinen Aktenvermerk.

Dennoch sind im Datensystem Baden-Württembergs insgesamt 394 Spanner polizeilich erfasst. 107 (27 Prozent) von ihnen sind der Polizei mehrfach einschlägig aufgefallen. Weitere 181 Personen (46 Prozent) haben sogar gravierendere Sexualdelikte wie sexuellen Missbrauch von Kindern, sexuelle Nötigung oder Vergewaltigung begangen. Eine landesweite Umfrage des Innenministeriums bei den Polizeidienststellen ergab, dass als harmlos empfundene Taten mit sexuellen Motiven – wie etwa Wäschediebstahl oder das heimliche Beobachten der Privatsphäre – in 32 Fällen in Verbrechen wie Vergewaltigung oder sexuell motivierte Tötungsdelikte mündeten. Auch wissenschaftliche Erkenntnisse sprechen dafür, dass ein nicht unerheblicher Teil der sexuell motivierten Täter, die zunächst wegen einfacherer Sexualdelikte auffällig geworden sind, in der Folge schwere Sexualstraftaten begehen könnten. Besonders für Frauen und Kinder ist dies eine Bedrohung.

Familienvater – Spanner – Kindermörder

Die Forderung der Staatsanwaltschaft, die vom Landgericht Stuttgart und in der Revisionsinstanz vom Bundesgerichtshof endgültig bestätigt wurde, lautete: lebenslange Haft mit besonderer Schwere der Schuld.

Angeklagt war ein 36-jähriger, gelernter Kühltechniker, der die sechsjährige Alexandra aus Filderstadt-Bonlanden im Oktober 2000 missbraucht und anschließend erstickt hatte. Bis ins Detail schilderte der Angeklagte im Gerichtssaal den Tathergang. Er habe dem Mädchen nicht aufgelauert, sondern sie sei zufällig beim Spannen mit ihm zusammengestoßen, behauptete der Täter.

Der Mord an der kleinen Alexandra sorgte bundesweit für Aufsehen. 13 Wochen durchkämmte die Polizei mit Suchhunden die Wälder, setzte Hubschrauber mit Infrarotgeräten ein, durchsuchte rund einhundert Wohnungen und wertete etwa tausend Hinweise aus. Die Bemühungen blieben jedoch ohne Erfolg. Auch die Ausstrahlung eines Beitrages in der Fernsehsendung »Aktenzeichen XY« brachte keine verwertbaren Hinweise. Letztendlich verriet sich der 36-Jährige selbst.

Thomas Baumann führte ein Doppelleben. In dem Filderstädter Betrieb, in dem er 19 Jahre lang als Kälteanlagenbauer gearbeitet hatte, galt er als korrekter Mensch. Als nett, freundlich und unauffällig wurde er von Kollegen und Nachbarn beschrieben. Nach Feierabend schlüpfte er jedoch regelmäßig aus seiner spießigen Bürokleidung in dunkle Jeans und Jacken, um durch Jalousien oder halb geschlossene Rollläden in Wohnungen zu spähen, in denen sich Kinder auszogen. Außerdem druckte sich Thomas Baumann Bilder von Kindern in pornografischen Posen von Internetwebseiten aus und legte sie vor Schulen und Hallenbädern so aus, dass sie Kinder finden mussten und er sich anschließend an deren Reaktion ergötzen konnte.

Am 5. Oktober 2000 entführte er dann in der Nähe der Schule in Bonlanden die kleine Alexandra. Noch am selben Abend, so die Anklage, missbrauchte er das Mädchen und erstickte es anschließend. Die Leiche wurde erst nach dem Geständnis des Täters am 13. Januar 2001 in einem Grab auf dem Friedhof Leinfelden gefunden. Auf Thomas Baumann wurde die Polizei zwei Tage vorher durch die Anzeige einer Frau aufmerksam, die ihn beobachtete, wie er mit heruntergelassener Hose am Hallenbad Echterdingen stand und sich Badegäste anschaute.

Polizeifremde Kriminologen neigen gerne dazu, ein Bild von Spannern und Exhibitionisten zu zeichnen, das zu verharmlosend wirkt. Polizisten wissen: Die Praxis sieht leider anders aus. Eine nicht mehr zu vernachlässigende Zahl von Sexualmördern hat irgendwann einmal als Exhibitionist angefangen oder sich als solcher versucht, bevor sie schließlich zu härteren Mitteln greifen mussten, um ihre perversen Triebe zu befriedigen.

Bei Thomas Baumann spiegelten sich neben pädophilen, ganz eindeutig voyeuristische Neigungen wider. Sich selbst beschrieb er als verängstigt und schüchtern. Seine allein erziehende Mutter habe nie Zeit für ihn gehabt. Erst sei er im Kinderheim, dann bei Pflegeeltern aufgewachsen. Schon früh habe er Mädchen in Umkleideräumen oder vor dem Zubettgehen beobachtet, um sich dadurch sexuell zu erregen. Die Verteidigung machte für die Tat eine gestörte sexuelle Entwicklung und eine krankhafte Persönlichkeitsstruktur verantwortlich, um für ihren Mandanten mildernde Umstände zu erwirken. Die Richter verhängten jedoch eine harte Strafe und stellten bei ihrer Urteilsbegründung besonders heraus, dass die Tat minutiös und eiskalt geplant war.

Thomas Baumann wird in den nächsten 20 Jahren keine Gefahr mehr für Kinder sein. Aber was kommt dann? Er ist etwa 52 Jahre alt, wenn er voraussichtlich zum ersten Mal Freigang erhält und 55, wenn er entlassen wird. Läuft bei der Strafverbüßung alles normal, macht er im Gefängnis eine Therapie zur Resozialisierung und als Voraussetzung für seine Haftentlassung. Aber ist wirklich jeder Täter, sind vor allem Sexualstraftäter restlos therapierbar? Selbst in Wissenschaftskreisen wird diese Frage seit einiger Zeit kontrovers diskutiert und nicht mehr unumwunden mit Ja beantwortet. Nach einer 20-jährigen Haftstrafe mit Therapie müsste es den Psychiatern und Therapeuten doch gelungen sein, den Sexualtrieb Thomas Baumanns in normale Bahnen gelenkt zu haben. Der nächste Fall eines zu lebenslanger Haft verurteilten und nach 15 Jahren entlassenen Mörders zeigt jedoch, dass es nicht so sein muss.

Der Strommörder

Hubert Schneider war kein Elektriker. Er hatte beruflich nie mit elektrischem Strom zu tun. Er war ein einfacher Schuster. Doch er wählte den Strom als Mordwerkzeug. Einmal habe er eine Deckenlampe angeschlossen, so sagte er aus, und dabei einen Stromschlag erhalten. Das sei seine erste Erfahrung mit Strom gewesen. Ein perfekter Mord mit Hilfe des elektrischen Stroms hätte es werden sollen. Keinen Laut, keine Verletzungen und keine Spuren sollte es geben. Eben das perfekte Verbrechen, das aussehen sollte wie der natürliche Tod einer älteren Frau. Denn zu absurd wäre die Vorstellung, ein Mann würde eine 76-jährige Frau umbringen, um mit ihr anschließend – postmortal – einen Geschlechtsverkehr durchzuführen.

Der Plan des 52-jährigen Hubert Schneider war von langer Hand vorbereitet. Wochenlang hatte er sein Opfer beobachtet. Trotzdem ging einiges schief. Und weil einiges schief ging, begann es für die Polizei wie in einem billigen Krimi.

Ein langanhaltender, markerschütternder Schrei zerriss die Stille des sonst sehr ruhigen Vorstadtviertels von Karlsruhe. Es war genau 0.50 Uhr. Trotz der warmen Sommernacht und der teilweise geöffneten Fenster in den umliegenden Ein- und Zweifamilienhäusern, hörten nur drei Personen diesen Schrei: ein Arzt und seine Frau, die mit einem Bekannten bei einem Glas Rotwein auf der Terrasse ihres schmucken Einfamilienhauses saßen. Der Schrei war so durchdringend, auch so erschreckend, dass die drei sofort dachten, hier muss sich ein Mensch in höchster Lebensgefahr befinden. Sie reagierten außergewöhnlich schnell und instinktiv auch richtig, indem sie auf die Straße rannten. In etwa 50 Meter Entfernung sahen sie, wie ein Mann gerade über eine nicht all zu hohe Gartenmauer auf den Gehweg stieg. Der Arzt fasste sich ein Herz und rief dem Mann zu, er solle stehen bleiben. So als hätte er es nicht gehört, ging der Angesprochene normalen Schrittes weiter und überquerte die Straße. Inzwischen bis auf zehn Meter an ihn herangekommen, forderte der Arzt den Unbekannten noch einmal auf, stehen zu bleiben. Gleichzeitig rief er seinen Hund – einen Münsterländer – herbei. Der Mann blieb schließlich stehen. Er schien sehr gefasst. Auf entsprechende Fragen gab er vor, ebenfalls den Schrei gehört zu haben. Aus diesem Grund sei er in den Garten gegangen, um nachzusehen, was los sei. Er habe jedoch nichts feststellen können. Da er keine Gartentür gesehen habe, sei er über die Mauer geklettert.

Noch während der Arzt mit dem sich langsamen Schrittes weiter entfernenden Mann sprach, hörte man wieder laute Schreie aus dem Haus. Sie klangen jetzt eindeutig wie Hilferufe. Der Arzt wies seine Frau an, über Notruf die Polizei zu verständigen. Den Mann forderte er nun wiederum eindringlich auf, stehen zu bleiben. Unter dem Eindruck seiner eigenen Chancenlosigkeit folgte der Unbekannte der Aufforderung und blieb bis zum Eintreffen der Polizei tatsächlich an Ort und Stelle stehen.

Plötzlich taumelte die allein lebende Bewohnerin des Gartenanwesens, schreiend und vor Schmerzen wimmernd, über die Straße zum gegenüberliegenden Haus. Dort suchte sie zusammensinkend Hilfe bei den nun ebenfalls aufmerksam gewordenen Nachbarn. Sie erbrach sich und man sah, dass sie unter einem schweren Schock stand. Schließlich verlor sie das Bewusstsein.

Für die kurz darauf eintreffenden Beamten der Schutzpolizei war es offensichtlich, dass hier ein schweres Verbrechen verübt worden war. Vor allem am Kopf, aber auch an mehreren anderen Stellen des Körpers, hatte die Frau seltsame Brandspuren, die dem ersten Anschein nach auf die Verwendung eines sehr starken Elektroschockgerätes hinzudeuten schienen. Das Opfer wurde mit dem Notarztwagen ins nächstgelegene Klinikum eingeliefert. Während dessen befasste sich bereits eine andere Streifenwagenbesatzung mit dem festgenommenen Mann. Scheinbar gleichmütig wiederholte der Unbekannte gegenüber der Polizei, weshalb er über die Gartenmauer gestiegen war. Doch nach der Kontrolle seiner Personalien konnten die Beamten über Funk sehr schnell feststellen, dass der Mann in der Vergangenheit mehrfach als Sexual- und Gewalttäter und 1965 sogar als Mörder verurteilt worden war. Das reichte, um Hubert Schneider vorläufig festzunehmen. Die tüchtigen Beamten fanden auch rasch heraus, dass Hubert Schneider ein Fahrzeug besaß. Der rote Mazda wurde etwa 80 Meter vom Tatort entfernt gefunden. Bei der Durchsuchung des Autos fanden die Polizisten einen großkalibrigen Schreckschussrevolver, ein handelsübliches Elektroschockgerät, eine Motorradsturmmaske, Klebeband, Kabelbinder, eine Polaroidkamera, eine so genannte Fettpresse mit einer etwa acht Zentimeter langen Spritzdüse und eine Tube Vaseline-Creme. Der Tatverdächtige wurde zum Polizeipräsidium gebracht und den Beamten des Kriminaldauerdienstes übergeben. Er machte zunächst keinerlei Angaben zur Sache. Die Polizisten brachten ihn in eine Zelle und beantragten einen Haftbefehl wegen gefährlicher Körperverletzung. Der Antrag stand aber auf wackeligen Beinen. In der heutigen Zeit stellen Richter nur noch in den seltensten Fällen einen Haftbefehl wegen gefährlicher Körperverletzung aus. Hinzu kam, dass ein Elektroschockgerät im juristischen Sinn nicht als eine tödliche Waffe eingestuft wird. Der Tatverdächtige konnte zudem einen festen Wohnsitz sowie eine Arbeitsstelle nachweisen.

Am nächsten Morgen gegen 10 Uhr besuchte Kriminalhauptkommissar Schmidt das Opfer in der Klinik. Trotz ihrer schweren Verletzungen und des anhaltenden Schocks konnte er die Frau vernehmen. Das Opfer gab folgendes zu Protokoll:

»Ich saß in meinem Wohnzimmer auf dem Sofa und schaute mir den Spätfilm an. Meine Schuhe und Strümpfe hatte ich ausgezogen. Um es mir etwas leichter zu machen, zog ich auch meinen Büstenhalter aus. Ich legte ihn vor mir auf einem Sessel ab. Neben einer weißen Strickweste hatte ich noch meine beige Kittelschürze an. Bestimmt trug ich auch meine Brille, da ich ja fern schaute. Eigentlich höre ich noch ganz gut. Dennoch hatte ich den Fernseher etwas lauter gestellt, weil er ja mindestens vier Meter entfernt in der Ecke steht. Der Täter muss sich besonders leise an mich herangeschlichen haben, sonst hätte ich ihn sicher gehört.

An den eigentlichen Angriff des Mannes kann ich mich noch gut erinnern. Ich saß da und plötzlich verspürte ich in meinem Kopf einen fürchterlichen Schlag und Schmerz. Es war ein Gefühl, als ob mein Kopf, ja mein ganzer Körper explodieren würde. Ich dachte noch, dass ich jetzt einen Herzinfarkt oder Hirnschlag bekommen hätte. Mehrfach habe ich dann Funken wahrgenommen, ähnlich wie sie beim Elektroschweißen entstehen. Auch habe ich entsprechende Schweißgeräusche gehört. Ich kann jedoch nicht mehr sagen, ob diese Wahrnehmungen der Realität entsprachen oder ob sie lediglich vor meinem inneren Auge abliefen. Danach überkam mich eine Art schwimmendes Gefühl. Schließlich verlor ich das Bewusstsein. Als ich wieder erwachte, lag ich vor der Couch auf dem Fußboden. Ich schlug meine Augen auf und sah einen Mann über mir stehen. Sein Gesicht sah ich nicht. Deutlich sehen konnte ich aber, dass der Mann blaue Latzhosen und dunkle Schuhe mit dicken Sohlen anhatte. Der Täter muss gemerkt haben, dass ich wieder das Bewusstsein erlangte, weil er mich sofort wieder attackierte. Ich denke, er hatte Angst, dass ich ihn erkennen könnte. Als mir schlagartig bewusst wurde, dass ich umgebracht werden sollte, fing ich aus Leibeskräften an zu schreien. Ich war früher Opernsängerin, müssen Sie wissen, und so schrie ich um mein Leben. Dass mir einmal meine Stimme das Leben retten würde, hätte ich nie gedacht. Der Mann attackierte mich noch ein paar Mal, dann ließ er plötzlich von mir ab. Er rannte weg in Richtung Flur. Dann war er auch schon verschwunden. Ich aber schrie weiter, immer weiter. Irgendwann rappelte ich mich hoch und taumelte zur Haustür. Ich wollte raus, nur raus aus dem Haus. In der geöffneten Tür schrie ich laut um Hilfe. Dann taumelte ich auf die andere Straßenseite und brach auf dem Gehweg zusammen.«

Im Beisein eines Arztes begutachtete Kriminalhauptkommissar Schmidt die Verletzungen der Frau. An ihrem Körper und vor allem im Bereich des Kopfes waren mehrere rundliche und längliche, bis zu zwei Zentimeter große, jeweils paarweise angeordnete Brandwunden zu sehen. Teilweise waren sie derart massiv, dass die Haut und das darunter liegende Gewebe bis auf die Knochen zerstört worden war. Diese Brandwunden konnten unmöglich von einem herkömmlichen Elektroschockgerät herrühren. Die Aussage der Frau und ihre Verletzungen ließen nur einen Schluss zu: Hier lag unzweifelhaft ein Mordversuch vor. Aber wie wurde er verübt? Was war geschehen?

Nach der Vernehmung des Opfers wurde die Wohnung des Tatverdächtigen durchsucht. Man fand einen weiteren 9-mm-Gasrevolver, einen selbstgefertigten Totschläger, eine Perücke,

Bilder einer alten, toten Frau, unzählige Pornohefte mit teilweise perversen Gewaltszenen sowie pornografische Videokassetten.

Am gleichen Morgen wurde von Beamten der Kriminaltechnik die Spurensuche am Tatort durchgeführt. Sie verlief negativ. Es konnten keinerlei verwertbare Spuren gesichert werden. Es gab auch keinerlei Hinweise auf das verwendete Tatwerkzeug. Das im Auto des Täters gefundene Elektroschockgerät kam unmöglich in Frage. Der Arzt und die beiden anderen Zeugen sagten übereinstimmend aus, dass der Täter nach Übersteigen der Gartenmauer nicht mehr an seinem Fahrzeug gewesen sei. So gab es nur eine Erklärung: Der Täter musste das Tatwerkzeug auf seiner Flucht im großen Garten des Anwesens versteckt haben. Mit mehreren Beamten, die mit Rechen und Metalldetektoren ausgerüstet waren, wurde der Garten durchsucht. Jedoch wurde außer ein paar rostigen Nägeln und einem uralten Küchenmesser nichts gefunden. Aber Kriminalhauptkommissar Schmidt ließ nicht locker und nahm erneut Kontakt zu dem Arzt auf, der den Täter festgehalten hatte. Noch einmal nach dem Weg gefragt, den Hubert Schneider nahm, nachdem er die Gartenmauer überstiegen hatte, stellte sich heraus, dass die Aussage des Arztes sehr stark von der bisherigen Schilderung im Protokoll abwich. Ein Beamter hatte in diesem Punkt fehlerhaft gearbeitet und die ursprünglichen Angaben des Arztes falsch zu Papier gebracht. Mit der neuen Beschreibung des Fluchtweges fand der tüchtige Kommissar im hohen Gras eines Grünstreifens zwei dunkelbraune Lederhandschuhe und ein über fünf Meter langes Elektrokabel, an dem an beiden Enden Schukostecker angebracht waren. Ein Stecker wies an den Polen Spuren auf, die auf einen Kurzschluss hindeuteten. Außerdem waren geringe Antragungen verkohlter Substanzen zu erkennen. Das Tatwerkzeug war gefunden! Dieses Elektrokabel belegte nun eindeutig, dass es sich bei der Tat um einen brutalen Mordversuch handelte.

Sofort wurde der Haftrichter über die neuen Beweismittel in Kenntnis gesetzt, da er zu diesem Zeitpunkt gerade die Freilassung des Tatverdächtigen verfügen wollte. Die Beschreibung und Wirkung des Elektrokabels, mit dem der Täter dem Opfer Stromstöße mit der vollen Netzspannung von 220 Volt verabreicht hatte, überzeugten den Haftrichter schnell. Hubert Schneider kam wegen des Verdachts des versuchten Mordes in Untersuchungshaft.

Noch am selben Tag wurden durch eine Gerichtsmedizinerin am Körper des Opfers insgesamt 16 mehr oder weniger stark verbrannte Kontaktstellen rekonstruiert. Sowohl die Gerichtsmedizinerin als auch ein hinzugezogener Elektrosachverständiger stellten fest, dass jede einzelne Attacke des Täters mit dem unter Netzspannung stehenden Stecker zum Tode hätte führen können. Nur durch den Umstand, dass die alte Frau an keiner Stelle ihres Körpers mit einem elektrischen Leiter in Berührung kam, floss der Strom nicht über ihr Herz, sondern lediglich zwischen den beiden Polen des Schukosteckers, wo er einen über 2000 Grad heißen Lichtbogen erzeugte. Dadurch kamen auch die markanten und massiven Strommarken zustande.

Drei Tage nach der Tat wurde Hubert Schneider in der Haftanstalt vernommen. Er machte umfangreiche Angaben zur Sache. Den Überfall auf die Frau gab er zu. Allerdings behauptete er, es sei eine spontane Tat gewesen und er hätte in der Absicht gehandelt, die Frau zu berauben. Ein sexuelles Motiv stritt er vehement ab. Die Frau sei für ihn zu alt gewesen. Auch stellte er in Abrede, dass er die Frau töten wollte. In der Vernehmung sagte er:

»Ich bin zunächst ziellos in der Gegend herumgefahren. Als ich in das besagte Wohngebiet kam, blinkte am Armaturenbrett eine Kontrollleuchte. Deshalb hielt ich an. Ich stellte dann fest, dass das linke Rücklicht defekt war und wollte im Kofferraum eine neue Birne herausholen. Doch ich hatte keine dabei. Beim Zudrücken des Kofferraumdeckels nahm ich zum ersten Mal bewusst wahr, dass in dem Haus, in das ich anschließend eindrang, Licht brannte. Ich ging zu dem Haus und überstieg das niedrige Gartentor. Dann schlich ich mich zu dem Haus. Durch ein Fenster sah ich eine ältere Frau vor ihrem Fernseher sitzen. Ich sah auch, dass die Wohnungseinrichtung einen gepflegten Eindruck machte und dachte mir, da ist was zu holen. Als ich weiter um das Haus herumging, sah ich eine Terrassentür, die einen Spalt offen stand. Ich begab mich zurück zu meinem Fahrzeug und überlegte, wie ich die Sache durchziehen könnte. Die Frau wollte ich auf jeden Fall ruhig stellen, damit ich in aller Ruhe das Haus durchsuchen konnte. Erst als ich im Kofferraum das Elektrokabel sah, kam mir die Idee, dass ich die Frau mit dem Kabel außer Gefecht setzen könnte. Das Kabel hatte an beiden Enden einen Stekker. Ich habe es mir bereits vor Wochen zurecht gemacht, um es mal bei einer passenden Gelegenheit als Tatwerkzeug einzusetzen. Mit einer Taschenlampe und dem Kabel ging ich zurück zum Haus. Ich zog mir Lederhandschuhe an, um keine Fingerabdrücke zu hinterlassen. Die Terrassentür konnte ich leicht aufdrücken, da sie nur durch die Windsperre in ihrer Stellung gehalten wurde. Dann schlich ich mich ins Haus. Im Innern des ersten Raumes war nur gedämpftes Licht. Es war das Schlafzimmer. Von dort aus schlich ich mich über den Flur zum Wohnzimmer. Die Frau saß mit dem Rücken zu mir vor dem Fernseher. Ich schaute mich um und sah in einer Entfernung von etwa vier Metern, rechts hinter der Frau eine Stekkdose. Dort steckte ich den einen Stecker meines Elektrokabels hinein. Den anderen hielt ich in der linken Hand. Dann schlich ich mich zu der Frau hin und drückte ihr den Stecker an die linke Kopfseite, direkt hinter das Ohr. Durch den Stromstoß kippte die Frau auf die rechte Seite. Sie fiel jedoch nicht vom Sofa herunter, sondern richtete sich ziemlich schnell wieder auf und griff an die Stelle, wo ich ihr den Stromschlag versetzt hatte. Dabei sagte sie: »Was war das?« und schaute sich um. Ich nahm den Stecker in die andere Hand und drückte ihn an die rechte Kopfseite unterhalb des Ohrs. Sie kippte nach links um. Ich wunderte mich, dass der Strom kaum Wirkung zeigte, weshalb ich weiter versuchte, der Frau den Stecker auf alle möglichen Stellen ihres Körpers zu drükken, um sie endlich ruhig zu stellen. Irgendwann glitt die Frau vom Sofa herunter und wurde ohnmächtig. Sie kam aber gleich wieder zu sich, griff nach meinen linken Bein und hielt mich fest. Dabei schrie sie so laut, dass ich befürchtete, das ganze Viertel könnte aufwachen. Ich konnte mein Bein von ihrem Griff befreien, zog das Kabel aus der Steckdose und flüchtete aus dem Haus.«

Im weiteren Verlauf des Verhörs wurde der Täter ausführlich nach seinem Motiv gefragt. Er stritt vehement ab, dass er die Frau töten und sich anschließend an ihr sexuell vergehen wollte. Damit versuchte er der drohenden Sicherungsverwahrung zu entgehen. Um den dringenden Verdacht einer sexuell motivierten Tat zu untermauern, führten die Beamten umfangreiche Ermittlungen über die Vergangenheit Hubert Schneiders durch. Das Ergebnis bestätigte das vermutete Tatmotiv.

Hubert Schneider kam als zehntes von insgesamt elf Kindern der Eheleute Karl und Magda Schneider in einem kleinen Dorf im südlichen Schwarzwald zur Welt. Die Mutter verstarb kurz nach der Geburt ihres letzten Kindes. Karl Schneider galt nicht als fürsorglicher Familienvater und war zudem schon mehrfach mit dem Gesetz in Konflikt geraten. Deshalb entzog man ihm neun seiner elf Kinder. So kam Hubert Schneider zusammen mit seinen acht Geschwistern in ein Kinderheim. Nur die beiden ältesten blieben beim Vater. Im Heim verhielt sich der kleine Hubert unauffällig. Er folgte bereitwillig den Anordnungen des Heimpersonals. Meistens machte er einen schüchternen und in sich gekehrten Eindruck. Er galt nur als mäßig intelligent. Nach der Volksschule erlernte er das Schuhmacherhandwerk. Er war ein mittelmäßiger, jedoch gefügiger Facharbeiter mit schlechtem Einkommen. Bei seinen

Mitarbeitern und Vorgesetzten war er deswegen geduldet, weil er nie Schwierigkeiten machte und für niemanden eine Konkurrenz darstellte. Gegenüber Mädchen schien er sich zurückzuhalten, vielleicht deshalb, weil ihm bewusst war, dass er nicht besonders gut aussah. Hubert Schneider besaß aber einen unbändigen Sexualtrieb, den er wohl von seinem Vater geerbt hatte. Karl Schneider war bereits wegen verschiedener Sexualdelikte straffällig geworden. Später erhängte er sich, angeblich, weil er nicht mehr mit seinem Trieb fertig geworden sei. Auch ein älterer Bruder von Hubert Schneider soll eine Feldarbeiterin vergewaltigt haben. Mangels Kontakten zu jungen Mädchen beschränkte sich das Sexualleben des heranwachsenden Hubert Schneider auf häufige Onanie. Schon früh erregten ihn zum Trocknen aufgehängte Frauenunterwäsche oder leicht bekleidete Mädchen sexuell. An Pornografie kam Schneider damals noch nicht heran.

Im Alter von 18 Jahren versuchte er erstmals, eine Frau zu vergewaltigen. Mit einem Eisenrohr schlug er sein Opfer brutal nieder und fiel über die Wehrlose her. Der Vollzug des Geschlechtsverkehrs scheiterte jedoch, weil das Opfer heftige Gegenwehr leistete. Wegen dieser Tat erhielt Huber Schneider 18 Monate Jugendstrafe, die er auch verbüßte.

Ein paar Monate nach seiner Haftentlassung, er war inzwischen 21 Jahre alt, überfiel er eine 19-jährige Frau. Dieses Mal war Schneider mit einem Hammer bewaffnet, einem sogenannten Fäustling, den er seinem Opfer mehrfach auf den Kopf schlug. Eigenen Angaben zufolge, wollte er die Frau vergewaltigen. Hinzukommende Passanten verhinderten jedoch die Tat. Die Frau starb kurze Zeit später an den Folgen der schweren Kopfverletzungen. Schneider erhielt für die Tat eine lebenslängliche Haftstrafe. Da er sich im Gefängnis gut führte und als resozialisierbar eingestuft wurde, kam er nach 15 Jahren frei.

Kaum in Freiheit fiel er wegen kleinerer Raub- und Diebstahlsdelikte auf. Bis 1995 kamen noch Anzeigen wegen Verstoßes gegen das Waffengesetz, gefährlicher Körperverletzung, Nötigung und sexueller Beleidigung hinzu. Auf all diese Delikte folgten aber nur geringe Bestrafungen oder gar Verfahrenseinstellungen.

Beim Studium seiner umfangreichen Kriminalakte wurde ersichtlich, dass Schneider in letzter Zeit fünfmal beim Ausspähen fremder Häuser und Wohnungen ertappt worden war. In Polizeikreisen ist allgemein bekannt, dass die Dunkelziffer bei voyeuristischen Aktivitäten im Schnitt um das zehn- bis zwanzigfache über den angezeigten Fällen liegt. Von herbeigerufenen Beamten zur Rede gestellt, gab er jeweils an, er habe nur gespannt. Keinesfalls habe er in die Objekte einbrechen wollen. Da man bei ihm nie Einbruchswerkzeug fand, musste man ihm glauben. Trotzdem wurden diese Vorkommnisse in seiner Akte vermerkt.

Ein weiterer Aspekt sollte in diesem Fall bei der Beurteilung des Täters eine Rolle spielen. Mehrere Zeugen sagten aus, Schneider habe bis kurz vor der Tat ein längeres Verhältnis zu einer 86-jährigen Frau unterhalten. Er sei auch dann noch mit der Frau sexuell verkehrt, als sie bereits in einem Altenpflegeheim lag und im Spätstadium von Unterleibskrebs starke Blutungen hatte. Selbst ein Katheder habe ihn nicht abgehalten, an der Kranken sexuelle Handlungen vorzunehmen. Besonders obskur war auch, dass die Frau jedes Mal seinen Besuchen entgegengefieberte. Sie gab sich auch keine Mühe, gegenüber dem Pflegepersonal und anderen Heimbewohnern ihre starke Erregung zu verheimlichen. Im Gegenteil, sie soll bei Schneiders Besuchen manchmal laute Lustschreie ausgestoßen und sich zeitweise erbeten haben, nur noch von ihm gewaschen zu werden.

Es war nur eine Frage der Zeit, bis Schneider sich ein weiteres Opfer für einen Sexualmord suchen würde.

Wie üblich, fasste Kriminalhauptkommissar Schmidt in einem Schlussbericht die Ergebnisse der Ermittlungen dieses versuchten Mordes zusammen. Eindringlich wies er auf die von Hubert Schneider wahrheitswidrig gemachten Schutzbehauptungen und Widersprüche hin.

Im Einzelnen wurden folgende Aspekte besonders herausgestellt:

1. Schneider hatte angegeben, er sei erst nach dem Öffnen seines Kofferraumes auf das Haus seines Opfers aufmerksam geworden. Das war eine glatte Lüge. Sein Fahrzeug hatte er etwa 80 Meter vom Tatobjekt abgestellt. Von diesem Standort aus konnte er nicht sehen, ob im Wohnzimmer der Frau Licht brannte.

2. Vielmehr konnte mit an Sicherheit grenzender Wahrscheinlichkeit davon ausgegangen werden, dass Schneider das Tatobjekt und sein Opfer gründlich ausgekundschaftet hatte, bevor er zuschlug. Nur so war es zu erklären, dass er sich in dem dunklen Haus gut zurecht fand und daher in der Lage war, sich unbemerkt an sein ahnungsloses Opfer heranzuschleichen. Auch konnte nur ein Ortskundiger wissen, wo sich im Halbdunkel der Diele die einzige Steckdose befand, in die er sein mitgebrachtes Kabel stecken konnte. Schneider wusste auch genau, dass das Kabel eine bestimmte Länge haben musste, um damit die auf dem Wohnzimmersofa sitzende Frau zu erreichen. Ein kürzeres, ebenfalls mit zwei Steckern versehenes Kabel ließ er zu Hause. Es wurde bei der Wohnungsdurchsuchung gefunden.

3. Allein die Herstellung des Elektrokabels und das Mitführen in der fraglichen Nacht war ein Beleg dafür, dass es sich nicht, wie von Schneider angegeben, um eine Spontantat handelte. Hinzu kamen noch die Fettspritze, die Vaseline-Creme und die Polaroidkamera. Diese Gegenstände deuteten unzweifelhaft darauf hin, dass der Täter von vornherein plante, sein Opfer zu töten und sich danach an der Frau sexuell zu vergehen.

4. Schneider gab vor, er habe die Frau nicht töten wollen. Dieser Aussage stand jedoch entgegen, dass er der 76-Jährigen den unter voller Netzspannung stehenden Schukostecker

insgesamt 16-mal für längere Zeit auf den Körper drückte. Das bewiesen die tiefen, bis auf die Knochen reichenden Brandwunden.

Geplant war sicherlich, das Opfer mit nur einem Stromschlag zu töten. Dazu suchte er eine Stelle aus, die man bei einer Leichenschau wahrscheinlich übersehen hätte. Direkt hinter dem linken Ohr, unmittelbar am Haaransatz wären keinem Arzt oder Kriminalbeamten zwei kleine Strommarken aufgefallen. Die Rechnung des Strommörders wäre aufgegangen, wenn er zusätzlich ein Massekabel verwendet hätte. Dann nämlich wäre der Strom nicht nur zwischen den beiden Polen des Steckers, sondern über den ganzen Körper und insbesondere über das Herz der Frau geflossen. Ohne Brandwunden zu hinterlassen, hätte das unweigerlich zum Tod der alten Frau geführt.

5. Wenn Schneider, wie er vorgab, die Frau tatsächlich nur ausrauben wollte, hätte es keinen Sinn ergeben, dass er sein Opfer gleich tötet oder, wie er sich ausdrückte »ruhig stellt«, ohne vorher dessen Geldverstecke zu erfahren.

Wesentlich leichter wäre es für ihn doch gewesen, in ein Haus einzudringen, in dem die Bewohner nicht zu Hause gewesen wären. Da hätte er das hohe Risiko des »Ruhigstellens« einer Person nicht in Kauf nehmen müssen.

6. Schneider hatte gar keinen Grund, jemanden zu berauben oder zu bestehlen. Zur Tatzeit hatte er bei einer Firma eine feste Anstellung und einen Nettoverdienst in Höhe von etwa 3.000 DM. Er lebte äußerst sparsam und die Miete für seine Zweizimmerwohnung war niedrig.

7. Somit lag auf der Hand, dass Schneider ein Diebstahldelikt vortäuschte, um der drohenden Sicherheitsverwahrung bei einem nachgewiesenen Sexualdelikt zu entgehen.

Doch es kam wie zu oft in vergleichbaren Fällen. Der Vorgang wurde von einem Staatsanwalt bearbeitet, dem es nicht darauf ankam, für einen hochgefährlichen Sexualmörder die Höchststrafe zu verlangen und die längst fällige Sicherungsverwahrung anzuordnen, sondern der vielmehr Wert darauf legte, keinen Revisionsgrund zu liefern und das Verfahren mit dem geringst möglichen Aufwand über die Bühne zu bringen. Außerdem trat bei der Hauptverhandlung ein Psychiater als Gutachter auf, der zu Gunsten des Angeklagten aussagte. Für ihn sei es nach den gegebenen Umständen unwahrscheinlich, dass Hubert Schneider aus sexuellen Motiven gehandelt habe, gab dieser weltfremde Psychiater zu Protokoll.

Hubert Schneider wurde deshalb nicht wegen eines versuchten Sexual-, sondern wegen eines versuchten Raubmordes verurteilt. Immerhin erhielt er elf Jahre Gefängnis. Eine relativ hohe Haftstrafe für ein derartiges Verbrechen, wenn man bedenkt, dass manche Richter heute für vollendete Mordtaten oft weitaus mildere Strafen verhängen.

Ein Spanner wird zum Kindermörder

Das Spannen war für den 32-jährigen Baldur Faber zum täglichen Lebensinhalt geworden. Am Anfang war es seltener gewesen. Da gab es Wochen, so seine Aussage, in denen er nicht losgezogen sei. Aber dann sei es jahrelang regelmäßig gewesen. Jeden zweiten Tag und noch öfter. Manchmal sei er abends weg, sei nach Stunden wieder nach Hause gekommen, um etwas zu essen und dann wieder wegzugehen. Teilweise sei er ganze Nächte unterwegs gewesen. Am Wochenende sei es vorgekommen, dass er erst morgens von seiner Tour zurückkam. In der Winterzeit konnte er früher losziehen. Da waren aber die Frauen oft nicht so leicht bekleidet, wie das im Sommer der Fall war. Er sei stets darauf aus gewesen, das Objekt seiner Begierde nackt zu sehen. Stundenlang habe er manchmal warten müssen, bis sich eine Frau auszog und ins Bett ging.

Bei seiner Pirsch benutzte Baldur Faber oftmals ein Fernglas. Sofern es die Gegebenheiten zuließen, filmte oder fotografierte er auch seine Opfer. So nach und nach kam er in ein Stadium, in dem er sich mit der Intimsphäre der Beobachteten identifizierte und dabei sein Wunsch wuchs, von diesen Personen selbst Besitz zu ergreifen.

Eine von der Polizeistudentin Sabine Gengel ausgearbeitete Diplomarbeit über die Chronologie des Spanners Baldur Faber liest sich so:

Der Mord an der elfjährigen Nadja Müller sorgte bundesweit für Aufsehen. Nicht nur in Presse und Politik wird seitdem die Gefährlichkeit von Voyeuren diskutiert.

Die Analyse der Taten und des psychiatrischen Gutachtens, basierend auf einem Geständnis, ermöglichen einen Einblick in die Täterpersönlichkeit des Spanners und Mörders Baldur Faber. Bei ihm zieht sich die voyeuristische Komponente als treibende Kraft wie ein roter Faden durch alle Delikte.

Der 20-jährige, ledige Kaufmannsgehilfe Faber ging im Sommer 1985 von einem Diskobesuch nach Hause, als er Geräusche aus einer Wohnung vernahm. Er trat ans Fenster und beobachtete ein junges Paar beim Geschlechtsverkehr. Dieser Anblick erregte ihn sexuell so sehr, dass er daraufhin des Öfteren am Abend die Wohnung verließ, in welcher er zusammen mit seiner Mutter lebte. Nächtelang durchstreifte er dann die Nachbarschaft und versuchte, in Wohnungen hineinzuspähen.

Fabers Spannen war in dieser Phase noch sporadisch und unregelmäßig, steigerte sich aber zusehends.

Im Jahre 1986 absolvierte Faber eine Ausbildung in einem Supermarkt. Schon während dieser Zeit war er mehrere Tage in der Woche als Spanner aktiv. Das Ausmaß seiner voyeuristischen Aktivitäten nahm in den folgenden Jahren so sehr zu, dass er fast täglich auf Tour ging. Der Ablauf lässt sich wie folgt skizzieren: In der Regel verließ Faber gegen 21 Uhr die Wohnung. Über mehrere Stunden war er draußen unterwegs, meist bis etwa ein Uhr nachts. Dabei kam es ihm immer darauf an, entweder Paare beim Geschlechtsverkehr oder nackte

Frauen zu beobachten. Faber hatte aber große Angst, erwischt zu werden, vor allem dann, wenn er aus sexueller Erregung heraus beim Spannen onanierte. Um eine Entdeckung zu verhindern, zog Faber für seine nächtlichen Unternehmungen meist Turnschuhe an, damit keine Schrittgeräusche entstanden und er im Ernstfall schnell flüchten konnte. Fabers »Jagdrevier« nach Objekten seiner Begierde umfasste zuerst nur seine nächste Umgebung. Alsbald dehnte er seine Streifzüge ins weitere Umfeld aus. War Faber beim Spannen erfolgreich, suchte er die betroffenen Wohnungen regelmäßig auf. Wenn er dabei ertappt wurde, was gelegentlich vorkam, flüchtete er sofort und suchte für die nächsten Tage eine andere Örtlichkeit auf. Alternativ unterbrach er für einige Tage seine Touren, insbesondere dann, wenn er von der Polizei bemerkt worden war. Kurze Zeit später ging er dann aber wieder seiner »Freizeitbeschäftigung« nach.

Durch das Ansehen von Pornofilmen versuchte Faber seine voyeuristischen Umtriebe einzuschränken. Aber nicht aus Einsicht oder Respekt vor seinen Opfern, sondern nur aus der Angst heraus, entdeckt zu werden.

In den Jahren 1990 und 1991 scheiterten die Versuche, seine voyeuristischen Triebe mit pornografischen Filmen zu befriedigen. Sie konnten ihm das Spannen nicht ersetzen, da er sie nicht realistisch genug fand. Die Überlegung, ins Bordell zu gehen, verwarf er wieder, da er kein Geld ausgeben wollte. Außerdem hegte er die Befürchtung, nicht mehr von den Prostituierten loszukommen, wenn er sich erst einmal mit ihnen eingelassen hatte.

Faber war beim Spannen meist allein. Gelegentlich traf er andere Voyeure, mit denen er sich über einzelne Objekte und deren »Wertigkeit« unterhielt. Meist bevorzugte er es aber, allein und ungestört seiner Beschäftigung nachgehen zu können. Dennoch war er Anfang der 90er Jahre gemeinsam mit einem anderen Voyeur auf der Suche nach »lohnenswerten Objekten«. Mit einer Videokamera filmten sie durch halboffene Rollläden Paare beim Geschlechtsverkehr sowie nackte Frauen.

Im Herbst 1992 wurde Faber von der Polizei schließlich beim Spannen erwischt und die Videokamera mit seinem Einverständnis einbehalten, nachdem in seinem Auto entsprechende Videokassetten gefunden worden waren. Daraufhin zog Faber wieder alleine und ohne Kamera umher.

Er wollte »seinen« Frauen zusehends näherkommen und versuchte deshalb, in die Wohnungen seiner Opfer zu gelangen. Dort wollte er deren Fotos zu seiner späteren sexuellen Befriedigung mitnehmen. Im selben Jahr entdeckte Faber ein nacktes Mädchen von ca. zehn Jahren und merkte, dass ihn der Anblick so junger Mädchen ebenfalls sexuell erregte. In der Folgezeit suchte er deshalb auch gezielt Mädchen im Alter zwischen zehn und zwölf Jahren, behielt aber seine bislang bevorzugte Zielgruppe zugleich bei. Faber verspürte den immer drängenderen Wunsch, in unmittelbaren körperlichen Kontakt zu den von ihm beobachteten Frauen bzw. Mädchen zu treten und dabei Dominanz und Macht auszuleben.

Der Fall Barbara Laibel

Unter den von Faber beobachteten Frauen befand sich auch die 26-jährige Barbara Laibel. Im Jahre 1995 wurde sie von ihm regelmäßig, meist zwischen 22 Uhr und 23 Uhr, durch die Rollläden in Schlaf- und Wohnzimmer bespannt. Faber wünschte sich immer mehr, Barbara Laibel körperlich näher zu kommen. Er wollte ihren nackten Körper betrachten und vor allem ihre Geschlechtsorgane berühren. Faber wusste, dass die junge Frau allein zu Hause war, wenn ihr Freund Nachtdienst hatte. Beim Belauschen eines Gespräches erfuhr er, dass Barbara Laibel in der Nacht vom 13. zum 14. Juli 1995 allein zu Hause sein würde. In ihm reifte nun der Entschluss, in dieser Nacht in das Haus seines Opfers einzudringen. Er fuhr zu Barbara Laibels Wohnung und begab sich auf die Rückseite des Anwesens. Durch die Rollläden sah er sie auf dem Sofa sitzend fernsehen. Er bemerkte, dass im Schlafzimmer ein Fensterflügel angekippt war und beschloss, durch dieses Fenster ins Schlafzimmer seines Opfers zu gelangen. Doch zunächst fuhr er nochmals nach Hause, um seine Handschuhe zu holen. Auf keinen Fall wollte er Fingerabdrücke hinterlassen. Er nahm auch weitere Utensilien, eine Reizgassspraydose, Hammer und Bowiemesser mit sich.

Faber kehrte zur Wohnung seines Opfers zurück und parkte etwas weiter entfernt vom Haus. Zu Fuß schlich er sich auf die Rückseite des Anwesen. Barbara Laibel sah immer noch fern. Faber ging zum Schlafzimmerfenster, griff in den Fensterflügel hinein und erreichte auf diese Weise den Griff des noch verschlossenen, daneben liegenden Fensters. Er stieg in das unbeleuchtete Schlafzimmer, die Tür zum Flur stand offen. Faber hatte Angst, erwischt zu werden. Dennoch ließ er nicht von dem Gedanken ab, Barbara Laibel durch Drohung oder auch mit Gewalt dazu zu zwingen, sich auszuziehen, um anschließend sexuelle Handlungen an ihr vornehmen zu können. Plötzlich hörte Faber, dass Barbara Laibel in Richtung Schlafzimmer kam. Bevor er ihr zurufen konnte, dass sie ruhig bleiben soll, sah sie ihn und begann sofort zu schreien. Faber schlug mit dem Hammer mehrfach in Richtung des Kopfes der Frau. Trotz der dadurch verursachten Verletzungen wehrte sich sein Opfer heftig. Faber sah, dass er so nicht zum Erfolg kommen würde und zog das Bowiemesser, um damit den Widerstand seines Opfers endgültig zu brechen und stach in den Rumpf, in den Rücken und in die Beine. Dabei wurde die junge Frau durch zwei Stiche in die Brust tödlich verletzt. Faber flüchtete, ohne sexuelle Handlungen an der Schwerverletzten bzw. Toten vorzunehmen, was ihm nun ohne Widerstand möglich gewesen wäre. Er verließ durch das Schlafzimmerfenster die Wohnung und fuhr ans Neckarufer, um seine Handschuhe, das Messer und seine Kleidung zu entsorgen.

Baldur Faber setzte daraufhin kurzfristig mit dem Spannen aus, fuhr dann aber nach wenigen Tagen mit seiner Tätigkeit wie zuvor fort.

Der Fall Saskia Obolnik

Faber bespannte 1996 regelmäßig die Studentin Saskia Obolnik. So stellte er fest, dass sich die junge Frau im August 1996 für den Zeitraum von zwei Wochen nicht in ihrer Wohnung aufhalten würde. Die Gelegenheit nutzend, hebelte er mit einem Brecheisen die Wohnungstür auf. Er entwendete zwei Getränkekästen, mehrere Flaschen Wein sowie Tütensuppen. Des Weiteren stahl er Schmuck und Bargeld.

Als Saskia Obolnik den Einbruchsdiebstahl bemerkte, fühlte sie sich trotz beruhigender Worte eines Polizeibeamten in ihrer Wohnung nicht mehr sicher und wollte ausziehen. Doch ihr Vermieter erklärte sich bereit, ihre Eingangstüre zu vergittern und so entschloss sich die junge Frau, vorerst dort wohnen zu bleiben.

Der Fall Verona Kanner

Im selben Jahr bespannte Faber die Studentin Verona Kanner. Er brachte in Erfahrung, dass die junge Frau sich über Weihnachten nicht zu Hause aufhalten würde. In diesem Zeitraum beabsichtigte er, ein Foto der Studentin aus deren Wohnung zu entwenden, um sich damit sexuell zu befriedigen. Der Spanner wollte das Küchenfenster einschlagen, um so in die Wohnung zu gelangen. Jedoch fühlte er sich plötzlich beobachtet und brach sein Vorhaben ab. Ende Dezember 1996 wollte Faber seinen Plan endlich umsetzen. Er ging erneut zur Wohnung der Studentin und entwendete schließlich mehrere Fotos sowie Schmuck, Bargeld und einen Reisepass.

Wie Saskia Obolnik fühlte sich Verona Kanner nach der Tat sehr unsicher in ihrer Wohnung und ließ eine Rollladensicherung anbringen.

Der Fall Jana Giebel

Beim Ausschauhalten nach zehn- bis zwölfjährigen Mädchen wurde Faber auf die zehnjährige Jana Giebel aufmerksam. Mit zwei jüngeren Schwestern sowie ihren Eltern lebte Jana in Heidelberg. Faber beobachtete das Kind regelmäßig in seinem Zimmer. Da er dadurch sexuell stark erregt wurde, fasste er Ende des Jahres 1998 den Entschluss, in das Haus einzudringen. Kurz darauf hatte Faber Glück. Er sah, dass der Haustürschlüssel von außen steckte. Faber machte sich an der Tür zu schaffen, aber Janas Mutter bemerkte den ungebetenen Gast und rief ihm zu, dass sie bereits die Polizei verständigt habe. Faber flüchtete. Der Wunsch, Jana Giebel sexuell zu berühren, blieb aber bestehen. So plante er, das Mädchen auf dem Schulweg zu überwältigen, indem er sie mit Reizgas betäubte. Anschließend wollte er sie an einem entlegenen Ort sexuell berühren. Ende Januar 1999, gegen 7 Uhr morgens, lauerte Faber dem Mädchen in einem Versteck auf. Wieder führte er Reizgas, Handschuhe und ein Bowiemesser mit sich. Nach einer halben Stunde kam Jana allein an Faber vorbei. Dieser nutzte die Gelegenheit, packte sie und sprühte ihr das Gas ins Gesicht. Betäubt wurde sie dadurch jedoch nicht. Faber drückte sie zu Boden. Aber Jana schrie laut um Hilfe, so dass der Täter – wiederum aus Angst vor Entdeckung – von ihr abließ und wegrannte.

Faber setzte mit seiner Spannertätigkeit kurzfristig aus. Aber nur wenige Tage später begannen seine Streifzüge aufs Neue.

Der Fall Beatrice Knittel und Roland Walther

Mehrfach schon konnte Faber das junge Paar beim Geschlechtsverkehr beobachten. Im April 1999 stellte er fest, dass sich niemand in der Wohnung der beiden aufhielt. Ein Fensterflügel des Wohnzimmers war angekippt. Für Faber war es ein Leichtes, das Fenster ganz zu öffnen und hineinzusteigen. In der Wohnung durchsuchte er sämtliche Schränke, um vor allem Fotos von Frau Knittel zu finden. Sie sollten ihm zur sexuellen Befriedigung dienen. Außerdem entwendete er auch Bargeld und Schmuck.

Nachdem der Diebstahl bemerkt worden war, litt Beatrice Knittel unter starken Angstzuständen und hatte große Probleme, allein in der Wohnung zu übernachten. Schließlich zog das Paar mit erheblichen finanziellen Einbußen in eine andere Wohngegend um.

Der Fall Christina Lackner

Im selben Jahr wurde Faber beim Spannen auf die zehnjährige Christina Lackner aufmerksam. Regelmäßig beobachtete er das Mädchen im Zuge seiner nächtlichen Touren im Stadtgebiet von Heidelberg. Vom Garten der Familie Lackner aus konnte er das Geschehen im Wohnzimmer verfolgen. Er versuchte auch ins Kinderzimmer zu schauen, aber dort waren die Rollläden in den Abendstunden meist geschlossen. Am 12. August 1999 schlich sich Faber gegen 22.30 Uhr erneut auf das Anwesen. Er bemerkte, dass die Terrassentür zum Wohnzimmer nur angelehnt war. Darin hielten sich Christinas Mutter und deren Lebensgefährte auf. Faber ging zu seinem Pkw zurück und fuhr nach Hause. Dort schaute er fern und hatte eine Meinungsverschiedenheit mit seiner Mutter, mit welcher er zu diesem Zeitpunkt noch zusammenlebte. Gegen 3.30 Uhr beschloss Faber, erneut zur Wohnung der Familie Lackner zurückzukehren.

Sein Entschluss stand fest: Er wollte zu der Zehnjährigen. Was Faber genau mit dem Mädchen vorhatte, war ihm zu diesem Zeitpunkt selbst noch nicht ganz klar. Doch er zog erneut seine dunkle Bekleidung an und fuhr zum Anwesen der Familie Lackner. Als Tatwerkzeug führte er das Bowiemesser und Handschuhe mit. Sein Fahrzeug stellte er in einiger Entfernung ab. Er schlich sich in den Garten und betrat über die immer noch offenstehende Terrassentür das Wohnzimmer. Der Flur war beleuchtet, so dass er Christinas Kinderzimmer schnell fand. Er wusste, dass das Zimmer des Mädchens an das ihrer Mutter und deren Lebensgefährten angrenzt. Als er das Kinderzimmer betrat, schlief die Zehnjährige und Faber verharrte rund eine Minute vor ihrem Bett. Plötzlich griff Faber zu seinem Bowiemesser und stach mindestens dreimal in Richtung des Halses von Christina, um das Kind zu töten. Vielleicht weil er Christina aufgrund der Lichtverhältnisse nicht genau sehen konnte oder weil das Mädchen sich bewegte, traf der Verbrecher nicht den Hals, sondern durchstach lediglich ihre Arme. Christina wollte sich offenbar mit den Armen schützen. Als sie nach ihrer Mutter schrie, flüchtete Faber panikartig aus der Wohnung.

Christina musste zwei Wochen im Krankenhaus bleiben. Sie hat deutliche Narben davongetragen und kann ihre Finger nur noch eingeschränkt gebrauchen. Auch Jahre nach der Tat sind die physischen und psychischen Folgen für Christina noch längst nicht überwunden.

Der Fall Ulrike Neumann

Weihnachten 1999. Die 23-jährige Ulrike Neumann war nicht zu Hause. Faber, der die junge Frau bereits mehrfach beobachtet hatte, stemmte die Rollläden der Terrassentür hoch und schlug mit einem Hammer die Scheibe ein, um in das Haus zu gelangen. Der Voyeur durchsuchte sämtliche Zimmer im Erd- und Obergeschoss. Aus dem Zimmer von Frau Neumann entwendete Faber fünf Tagebücher, etwa 5000 Fotos in Kisten sowie Bargeld. Eine überaus reiche Beute für ihn. Denn zu Hause konnte er nun mit Hilfe der Bilder und Tagebücher seine sexuelle Gier zumindest teilweise befriedigen.

Ulrike Neumann litt sehr unter dem Verlust ihrer Tagebücher. Sie bekam starke Angstzustände und konnte mehrere Monate nicht allein im Haus bleiben.

Der Fall Körner-Grolich

An einem Sommerabend im Jahr 2000 ging Faber seinem voyeuristischen Trieb bei der Familie Körner-Grolich in Weinheim nach. Dabei bemerkte er, dass die Terrassentür des Anwesens nicht verschlossen war. Diese Gelegenheit nutzte er, drang in das Haus ein und entwendete im Flur einen Schlüsselbund. Am darauf folgenden Tag verschaffte er sich mit Hilfe des gestohlenen Schlüssels Zutritt zur Wohnung der Familie. Faber durchsuchte die Räumlichkeiten nach Geld und Wertgegenständen. Auch hier nahm er Fotos der Tochter der Familie mit.

Der Fall Nadja Müller

Bereits 1999 richtete sich Baldur Fabers Augenmerk auf ein weiteres junges Mädchen. Nadja Müller lebte zusammen mit ihrer Mutter Erika und deren Lebensgefährten in Heidelberg. Wiederum durch das Wohn- und auch Kinderzimmer beobachtete der Voyeur die Zwölfjährige. Er verspürte zunehmend den Wunsch, in die Wohnung zu gelangen, um sich an dem Kind sexuell zu vergehen. Die Frage war, wann verließ die Mutter des Mädchens das Haus? Wie lange war die Zwölfjährige allein? Diese Fragen beschäftigten Faber und er versuchte, sich Klarheit zu verschaffen, indem er sich detailliert Notizen machte. Seine Erkenntnis: Jeden Donnerstag war Nadja von 20 Uhr bis 23 Uhr allein zu Hause. Der Lebensgefährte der Mutter befand sich donnerstags zu dieser Zeit ebenfalls nicht in der Wohnung. Anfang November entdeckte Faber beim Spannen, dass die Terrassentür offen stand. Es befand sich niemand in der Wohnung und der Voyeur nutzte den günstigen Augenblick und entwendete neben Fotos von Nadja auch einen Haus- und Wohnungsschlüssel.

Am 15. Oktober 2000 fuhr Faber erneut zum Anwesen in der Goethestraße, wo Nadja ihr Zuhause hatte. Er parkte sein Auto ein Stück entfernt und schlich sich in den Garten, wobei er Handschuhe trug und wiederum sein Bowiemesser und ein kürzlich gekauftes Elektroschockgerät dabei hatte. Außerdem trug Faber Turnschuhe sowie dunkle Kleidung. Er wusste, dass Nadja allein war. Sein Plan bestand darin, das Kind mit dem Elektroschocker zu betäuben, um dann ungestört dessen Geschlechtsteil zu berühren und weitere sexuelle Handlungen vorzunehmen zu können. Ob er auch den Tod des Kindes plante, kann nur vermutet werden. Nachdem sich Faber mit einem Blick ins leere Wohnzimmer vergewissert hatte, dass Nadja allein war, schlich er zum Hauseingang, um mit dem gestohlenen Schlüssel die Eingangstür zu öffnen. Als Fußgänger die Strasse passierten, wartete er noch einige Zeit. Dann öffnete er die Eingangstür, anschließend die Wohnungstür und begab sich direkt in Nadjas Kinderzimmer. Sie lag schlafend, mit dem Gesicht zur Wand, im Bett. Wie zuvor gedanklich durchgespielt, nahm der Mörder den Elektroschocker und löste ihn am Hals des Mädchens aus. Der Schocker zeigte nicht die erhoffte Wirkung. Nadja erwachte, richtete sich auf und schrie. Faber fiel das Gerät aus der Hand. Aus Angst, entdeckt zu werden, nahm er das Bowiemesser und stach mehrfach auf das Kind ein. Vier Stiche trafen den Brustkorb links unterhalb des Schlüsselbeins. Drei durchdrangen die Brustwand und durchbohrten zwei Rippen. Etwa zehn Minuten später starb Nadja aufgrund einer Lungenembolie und des hohen Blutverlustes. Der Mörder nahm den Elektroschocker auf und verschwand schnell über das Wohnzimmer, auf die Terrasse und über den Garten des Anwesens. An seinem Pkw angelangt, versteckte er das Bowiemesser und den Elektroschocker in einer Tüte im Kofferraum. Zuhause legte er die Tüte mit seinen »Arbeitsutensilien« in den Badezimmerschrank. Am nächsten Tag entledigte er sich des Messers, indem er es in einen Gully warf. Den Elektroschocker, die Oberbekleidung und die Schuhe entsorgte er in der Nähe eines Supermarktes in Heidelberg.

Faber hatte panische Angst, von der Polizei entdeckt zu werden. Er hörte deshalb kurzfristig mit seinen voyeuristischen Streifzügen auf, setzte sie aber Anfang 2001 erneut fort.

Der Mord an Nadja Müller war die letzte schwere Straftat Fabers, bevor er im Rahmen einer routinemäßigen Befragung von bislang polizeilich bekannten Voyeuren, in das Blickfeld der Kriminalpolizei geriet. Da er kein Alibi hatte, blieb ein Restverdacht bestehen und Faber wurde wenige Wochen nach seiner ersten Vernehmung erneut zur Tat befragt. Dem Instinkt und der gezielten Taktik zweier Kriminalbeamter ist es zu verdanken, dass der Mörder bei seiner Befragung immer nervöser wurde und sich in Widersprüche verstrickte.

Am 21. Mai 2001 gestand Faber endlich die Morde an der 26-jährigen Barbara Laibel und der zwölfjährigen Nadja Müller. Weiterhin gestand er auch die beiden Mordversuche an den Kindern Jana Giebel und Chistina Lackner sowie die anderen Straftaten, die er im Rahmen seiner Spannertätigkeit verübte.

Das Spannen aus der Sicht des Voyeurs Baldur Faber

»Ich glaube es war nur ein Zufall, dass ich mit dem Spannen angefangen habe. Beim Sport in der Handelslehranstalt waren Löcher in den Duschkabinen und da habe ich zum ersten Mal eine junge Frau nackt gesehen. Damals war ich 17 Jahre alt. Ab und zu bin ich nur so aus Neugier wieder in die Duschkabinen gegangen, um zu schauen, ob etwas zu sehen ist. Ein richtiger Drang war das bis dahin noch nicht.

Im Jahre 1985, bei der Heimkehr von einem Discobesuch, habe ich Geräusche aus einer Wohnung mitbekommen. Ich habe durch die Ritzen des Rollladens geschaut und dabei ein Paar beim Ficken gesehen. Das Spannen war aber am Anfang weniger oft gewesen, zum Teil mit wöchentlichen Unterbrechungen. Manchmal war ich jedoch auch ganze Nächte weg. Immer habe ich nur auf den Moment gewartet, bis die Frauen sich ausziehen und zu Bett gehen.

Am Anfang habe ich nur nach erwachsenen Frauen Ausschau gehalten. Dann aber zunehmend auch nach jungen Mädchen von ca. zehn bis dreizehn Jahren.

Immer wenn ich eine Möglichkeit gesehen habe, näher an eine Frau heranzukommen, ohne dabei bemerkt zu werden, habe ich diese genutzt. Manchmal habe ich auch meinen Kopf durch ein Schlafzimmerfenster gesteckt, um Paare besser beim Sex beobachten zu können. Auch habe ich gelegentlich einen Schritt in die Wohnung gemacht, um mich in eine bessere Position zu bringen.

Mir kam es sehr darauf an, Fotos von den Frauen, die ich beobachtete, zu besitzen. Wenn sich mir die Gelegenheit bot, in die Wohnungen der Frauen oder Paare einzudringen, habe ich dies auch immer getan.

Irgendwann entstand bei mir dann der Wunsch, mit einer Frau machen zu können, was ich will, ohne dass sie sagt, ›Das mag ich nicht‹. Ich wollte eine Situation herbeiführen, in der ich die alleinige Macht über die Frau hatte.

Der Tod von Barbara Laibel hatte mich sehr überrascht. Ich las es tags darauf in der Rhein-Neckar-Zeitung. Von da an hatte ich ständig Angst, die Polizei könnte mir auf die Spur kommen. Dennoch habe ich weiterhin Frauen beobachtet, doch habe ich eine direkte Konfrontation mit ihnen vermieden.

Aber im Januar 1999 war es jedenfalls wieder da, das Ding in meinem Kopf. Ich wollte die Jana anfassen und mir ihr Geschlechtsteil aus der Nähe anschauen. Der Gedanke ließ mich nicht wieder los. Mir war nicht von Anfang an klar, dass ich das Mädchen eventuell umbringen muss. Das hat sich so ergeben. Dann hat die Kleine aber fürchterlich geschrien und ich bin weggerannt.

Die Nadja hat auch laut geschrien. Bei ihr habe ich dann zugestochen, bis sie ruhig war. Wie viel mal ich gestochen habe, kann ich nicht sagen.«

Zusammenfassende Bemerkungen

Es können kaum schlüssige Erklärungen dafür gefunden werden, warum ein Täter und bereits in früheren Jahren verurteilter Mörder nachts in ein Haus eindringt und eine 76-jährige Frau auf brutalste Weise mit Stromstößen töten will, um sich danach an ihr zu vergehen. Auch muss man nicht krampfhaft nach einer psychologischen Erklärung suchen, wenn ein Baldur Faber emotionslos und ohne mit der Wimper zu zukken zugibt, der 26-jährigen Barbara Laibel mehrfach mit einem Hammer auf den Kopf geschlagen zu haben und als sich das Opfer immer noch wehrte, das Bowiemesser gezückt und ihr damit unzählige Stiche in den Körper zugefügt zu haben. Und schließlich darf es auch keine noch so hochqualifizierte psychologische Begründung und Entschuldigung dafür geben, dass Baldur Faber, geprägt durch seine schlimme Kindheit und Umwelt, auf ein wehrloses, kleines Mädchen einsticht bis es tot ist oder dass ein Thomas Baumann die kleine Alexandra vergewaltigt und sie anschließend qualvoll erdrosselt.

Baldur Faber wurde vom Landgericht Heidelberg zu einer lebenslangen Freiheitsstrafe mit anschließender Sicherungsverwahrung verurteilt. Es bleibt zu hoffen, dass er zumindest so lange unter Verschluss bleibt, bis sichergestellt ist, dass bei ihm psychisch und vor allem auch physisch absolut kein Sexualtrieb mehr vorhanden ist.

Eine tickende Zeitbombe

Armin Bickel war 44 Jahre alt, 1,66 Meter groß, wog ca. 55 Kilogramm und seine etwas gewellten, pechschwarzen Haare trug er schulterlang und in seinem leicht bräunlichen Gesicht zog sich über seine Oberlippe ein dünner Schnauzbart.

Geboren wurde Armin Bickel in Ostberlin in einer Roma-Familie. Er war eine Frühgeburt. Über seinen Vater ist bekannt, dass er einige Zeit Artist, Schausteller und vor allem ein »großer Säufer« war, der Armins Mutter oft geschlagen hat, insbesondere auf den Kopf. Auch andere Menschen beschimpfte, beleidigte und schlug er, weswegen er einige Male im Gefängnis saß. Aus der Ehe der Eltern gingen neun Kinder hervor. Eines starb unmittelbar nach der Geburt.

Armin Bickel berichtete später, dass er bereits im Alter von fünf Jahren von seinem Vater Bier, manchmal auch Schnaps zu trinken bekam. Die Familie war arm und bettelte sich durchs Leben. Es gab nie genug zu essen. Dennoch brachte es der Vater fertig, immer genügend Alkohol zu besorgen. Als Armin etwa 16 Jahre alt war, kaufte er sich zum ersten Mal seinen Alkohol selbst. Die Mutter ging manchmal hausieren. Im Jahre 1993 soll sie von Skinheads überfallen und so schwer verletzt worden sein, dass sie kurze Zeit später starb. Es kam aber auch die Vermutung auf, dass Bickel senior seine Frau selbst umgebracht haben könnte. Die Ermittlungen dazu verliefen allerdings im Sande.

Gelegentlich taten sich auch Vater und Sohn zusammen und überfielen Betrunkene und raubten diese aus.

Als 17-Jähriger kam Armin Bickel in der DDR wegen Gefährdung der öffentlichen Sicherheit und Ordnung durch asoziales Verhalten erstmals für fast zwei Jahre in ein Gefängnis zur so genannten Arbeitserziehung. Kaum war er wieder auf freiem Fuß, erfolgte die nächste Verurteilung mit demselben Tatbestand. Dieses Mal erhielt er nur ein Jahr und wurde am 20. Oktober 1977 entlassen. Dreieinhalb Monate später wurde er wegen Einbruchdiebstahls und Raub erneut verhaftet. Zusammen mit seinem Vater hatte er in der Nacht zum 12. Dezember 1977 stark alkoholisiert einen Einbruch in ein Kaufhaus verübt. Kurze Zeit später lockten sie einen Zechkumpan in ihre Wohnung, wo sie ihm unter Verabreichung von Schlägen und Tritten 70 Mark abnahmen. Armin Bickel erhielt dafür drei Jahre Haft. Nach der Haftentlassung wurde er in relativ kleinen Zeitabständen immer wieder straffällig. Es waren oft nur wenige Monate bis er wieder eine Haftstrafe antreten musste. Die Haftzeiten waren bedeutend länger als die Zeiten in Freiheit.

Am 14. Juli 1989 verurteilte ihn das Kreisgericht Döbeln wieder einmal wegen mehrerer Einbruchsdiebstähle und versuchter Vergewaltigung zu vier Jahren Haft. Das Notzuchtverbrechen beging Bickel nach einem ausgedehnten Gaststättenbesuch am 21. Januar 1989. Er war stark betrunken, als er sich gegen 23 Uhr auf den Heimweg machte. Kurz bevor er seine Wohnung erreichte, kam ihm der Gedanke, eine Frau zu überfallen und zu vergewaltigen. Um sein Vorhaben durchzusetzen, begab er sich zunächst in seine Wohnung und holte ein 30 cm langes und sehr scharfes Fleischermesser. Dann ging er wieder auf die Straße. An der nächstbesten Einmündung, unweit seiner Wohnung, wartete er, bis eine Frau vorbeikam. Es war die 36 Jahre alte Iris Habich, die ihre Spätschicht in einer Chemiefabrik hinter sich hatte und auf direktem Weg nach Hause war. Schon tausend Mal war sie diese Strecke gegangen. Sie hatte bislang nie Angst verspürt, dass ihr etwas zustoßen könnte, weil die Straßen gut beleuchtet waren und einem auch immer wieder Menschen begegneten.

Bickel sah die Frau von weitem kommen. Ihn interessierte nicht, wie sie aussah und wie alt sie war. Es war eine Frau, ein weibliches Wesen. Und nur das war wichtig. Auch eine viel Ältere hätte Bickel in dieser Nacht überfallen. Er ging der Frau entgegen. Als er fast auf gleicher Höhe mit ihr war, stellte er sich ihr plötzlich in den Weg. Sie musste abrupt innehalten, sonst wäre sie mit ihm zusammengestoßen. Mit der rechten Hand hielt er ihr das lange, rasierklingenscharfe Messer direkt vor den Bauch. Als Iris Habich in das verzerrte Gesicht des Verbrechers sah, erschauderte sie, noch bevor sie begriff, dass sie mit einem Messer bedroht wurde und noch bevor Bickel etwas gesagt hatte.

»Wenn du einen Mucks machst, steche ich dich ab, hier und sofort.« Diese Worte stieß er mit einem drohenden Unterton aus, so dass Iris Habich zu keiner Reaktion mehr fähig war. Stark verängstigt ergab sie sich ihrem Schicksal. Sie war zunächst nicht fähig, auch nur einen Ton herauszubringen. Erst als Bickel sie dann harsch aufforderte, mit ihm zu kommen, wurde ihr langsam klar, was Sache war. Sie ahnte, dass der Mann sie an einen anderen Ort verbringen wollte, um sich an ihr zu vergreifen, um sie vielleicht sogar umzubringen. Nur wenn sie hier auf der gut beleuchteten Straße blieb, hatte sie vielleicht eine Chance. Doch sie war kaum imstande, einen klaren Gedanken zu fassen. Deshalb stammelte sie nur ängstlich: »Ich ... ich gehe nicht mit, ich gehe nicht mit.« Doch Bickel war zu allem entschlossen. Mit der freien Hand fasste er der Frau an den Hals und krallte sich mit aller Kraft daran fest. Er würgte sein Opfer, bis es das Bewusstsein verlor. Danach trug er die Bewusstlose zu seiner nahe gelegenen Wohnung. Er hatte Glück, dass ihn dabei niemand beobachtete. Obwohl er eher schmächtig wirkte, gelang es Armin Bickel, die Frau die steile Treppe zu seiner Wohnung im Obergeschoss hochzutragen. Er legte sie auf die breite Bettcouch in seinem Wohnzimmer. Iris Habich kam langsam wieder zu sich. Noch halb benommen, merkte sie, dass sie von ihrem Peiniger entkleidet wurde. Auch er zog sich hastig aus. Auf dem Wohnzimmertisch, in Griffnähe des Mannes, sah sie das Messer liegen. Erst jetzt wurde ihr bewusst, wie lang die Klinge war. ›Damit bringt er mich um‹, dachte sie. Ein einziger Stich in den Bauch hätte genügt, um mehrere lebenswichtige Organe zu verletzen. Sie begann zu reden, weil sie darin ihre noch einzige, wenn auch sehr kleine Chance sah. Für Bickel hörte sich die Stimme der Frau trotz ihrer Angst irgendwie angenehm an. Er ließ sich deshalb auf ein Gespräch mit ihr ein. Iris Habich merkte sofort, dass sie dem Mann verbal überlegen war. Sie redete um ihr Leben. Doch irgendwann brach bei Bickel sein unbändiger Sexualtrieb durch. Er wollte nicht mehr nur zuhören, sondern mit der Frau den Geschlechtsverkehr vollziehen. Iris Habich brachte es jedoch fertig, dass Bickel sich damit zufrieden gab, nur mit den Fingern an ihrem Geschlechtsteil und ihren Brüsten zu manipulieren. Mit abgrundtiefem Ekel ließ sie es über sich ergehen. Schließlich rieb er so lange sein Geschlechtsteil an der nackten Bauchhaut seines Opfers, bis er zum Samenerguss kam. Danach wurde Bickel ruhiger und Iris Habich schöpfte Hoffnung, lebend aus der Wohnung des Triebtäters zu kommen. Sie redete mit Bickel und erfuhr so manches von ihm. Dabei versuchte sie ihm das Gefühl zu geben, Verständnis für seine Lage und für sein Tun zu haben. Zeitweise war sie der Meinung, die Situation völlig im Griff zu haben. Sie musste – so ihre Überzeugung – nur noch einen günstigen Augenblick erwischen, um die Wohnung verlassen zu können. Doch sie hatte nicht mit dem Sexualtrieb ihres Peinigers gerechnet. Mitten im Gespräch und wie aus heiterem Himmel fiel Bickel plötzlich über die Frau her. Als Iris Habich all ihre Kraft aufwendete, um den Angriff des Täters abzuwehren, würgte Bikkel sie wiederum derart stark, dass sie das Bewusstsein verlor. Bevor er jedoch sein halb erschlafftes Glied wieder voll zur Erektion bringen konnte, kam das Opfer wieder zu sich. Iris Habich wollte sich nicht vergewaltigen lassen, koste es was es wolle. Sie presste ihre Oberschenkel fest zusammen. Ohne in die Frau einzudringen, vollführte der auf ihr liegende Bicke beischlafähnliche Bewegungen bis zum Samenerguss. Iris Habich war kurz davor, sich zu übergeben. Sie spürte den keuchenden, nach Alkohol übel riechenden Atem auf ihrem Gesicht. Aber ihr war bewusst, dass sie sich jetzt beherrschen musste, wenn sie überleben wollte. Sie wartete ab, bis der Atem des Täters ruhiger wurde. Dann versuchte sie den Mann vorsichtig von sich wegzudrücken. Bickel reagierte, indem er sich zur Seite wälzte. Jetzt lag er auf dem breiten Sofa neben ihr. Er murmelte etwas von Entschuldigung und Iris Habich begann wieder zu sprechen, belanglose Dinge. Dabei achtete sie darauf, sich in einfachster Form auszudrücken. Der Täter sollte nicht das Gefühl bekommen, sie sei ihm überlegen. Nach einer ihr endlos erscheinenden Zeit hörte sie, wie der Mann neben ihr regelmäßig und ruhig atmete. Es war jetzt 5 Uhr morgens. Armin Bickel war eingeschlafen. Mit äußerster Vorsicht begann Iris Habich sich millimeterweise von ihm wegzubewegen. Sie wusste, dass es ihren Tod bedeuten könnte, wenn er wieder aufwachte. Deswegen redete sie auch leise weiter, so als ob sie einem einschlafenden Kind ein Märchen erzählen würde. Es dauerte unendlich lange, bis sie zuerst mit einem und danach mit beiden Füßen Kontakt zum Fußboden hatte. Jetzt musste sie sich noch aufrichten, ohne dass der Schlafende erwachte. Die Federung des alten Sofas knarrte laut und zwar so laut, dass Iris Habich meinte, das Möbelstück könnte jeden Augenblick zusammenbrechen. Sie betete zu Gott, dass ihr Peiniger nicht aufwachen würde. Noch immer völlig nackt, stand sie nun aufrecht neben dem schlafenden Täter. Sie wagte zunächst nicht, auch nur einen Schritt zu machen. Schließlich schlich sie barfuß zu dem Wohnzimmertisch und nahm das Messer in ihre rechte Hand. Sollte er jetzt aufwachen, würde sie sich zu wehren wissen. Ihre Kleider lagen verstreut auf dem Fußboden herum. Sie sammelte sie auf und klemmte sie unter ihren linken Arm.

Immer noch das Messer in der Hand, begab sie sich zur Tür. Obwohl es, bedingt durch die kalte Jahreszeit, in der Wohnung nicht besonders warm war, standen ihr dicke Schweißperlen auf der Stirn. Iris Habich drückte die Klinke nach unten, aber die Tür öffnete sich nicht. Bickel hatte sie von innen zugeschlossen, nachdem er sein bewusstloses Opfer auf der Couch abgelegt hatte.

Sie redete immer noch leise in Richtung ihres Peinigers, weil sie befürchtete, dass, wenn sie aufhören würde, er aufwachen könnte. Unendlich langsam drehte Iris Habich den Schlüssel im Schloss. Dabei musste sie aufpassen, dass sie mit den anderen Schlüsseln an dem Bund kein Geräusch verursachte. Endlich hatte sie es geschafft. Die Tür knarrte leise, zu leise, um Armin Bickel zu wecken. Obwohl ihr sehr danach zumute gewesen war, schlug die Frau die Tür nicht hinter sich zu, sondern versuchte, sich so geräuschlos wie nur irgendwie möglich zu entfernen. Sie hörte noch, wie sich Armin Bickel im Schlaf drehte und dabei laut hörbar stöhnte und dann war sie auch schon auf der steilen Treppe. Kurze Zeit später stand sie splitternackt auf der Straße. Iris Habich rannte, rannte um ihr Leben. Die kleine Stadt war menschenleer. Irgendwo in einer Häusernische kleidete sie sich notdürftig an. Jetzt endlich warf sie auch das Messer weg, das sie die ganze Zeit über krampfhaft in der rechten Hand gehalten hatte.

Als sie fünf Minuten später an ihrer Wohnung ankam und wie wild gegen die Tür hämmerte, weil der Täter ihre Handtasche mit dem Schlüssel am Ort des Überfalles zurückgelassen hatte, brach sie, bevor ihre Mutter öffnete, laut schluchzend im Treppenhaus zusammen. Sie war minutenlang nicht ansprechbar, wurde immer wieder von lauten Weinkrämpfen geschüttelt. Der herbeigerufene Notarzt stellte massive Würgemale mit starken Unterblutungen am Hals der Frau fest und verständigte die Polizei. Erst Stunden später konnte Iris Habich halbwegs zusammenhängend berichten, was geschehen war.

Noch am gleichen Morgen wurde Armin Bickel in seiner Wohnung verhaftet. Als die Beamten eintrafen, schlief er immer noch.

Die Verhaftung des Täters und seine anschließende Vernehmung verliefen aus polizeilicher Sicht problemlos. Bickel legte ein Geständnis ab, wobei er allerdings in naivster Weise versuchte, die Dinge zu beschönigen. Er stellte den Sachverhalt so dar, als wäre Iris Habich zum größten Teil mit den sexuellen Handlungen einverstanden gewesen. Nur am Anfang hätte er mit dem Messer ein wenig nachhelfen müssen. Auf die Würgemale am Hals des Opfers angesprochen, meinte er, die Frau hätte das gebraucht, um sexuell stimuliert zu werden. Natürlich glaubten ihm das weder der Staatsanwalt noch der Richter. Er wurde wegen sexueller Nötigung und versuchter Vergewaltigung zu vier Jahren Haft verurteilt.

In der Haftanstalt wurde in seiner Personalakte vermerkt, dass Armin Bickel immer wieder aus banalen Anlässen heraus in hochgradige Erregungen geriet, so dass er deswegen medikamentös und psychologisch behandelt werden musste. Phasenweise verweigerte er immer wieder die Nahrungsaufnahme. Er schlug das Mobiliar in der Zelle kurz und klein und bedrohte Mitgefangene. In eine Arbeitstherapie konnte er nicht integriert werden. Man attestierte ihm eine seelische Abartigkeit beziehungsweise eine abnorme Charakterstruktur, die aus genetischen Anlagefaktoren, Milieuschäden und Hospitalismus resultierten.

Ein Gutachter stellte bei ihm einen IQ von 47 fest. Die psychischen Störungen waren nach Meinung der Fachleute durch erzieherische Maßnahmen nicht oder nur wenig zu beeinflussen, weshalb die Prognose des Gefangenen ungünstig erschien. Somit stand fest, dass es sich bei Armin Bickel um eine »tickende Zeitbombe« handelte. Um so unbegreiflicher war es, dass die zuständige Strafvollstreckungskammer eine vorzeitige Haftentlassung auf Bewährung anordnete.

Nach nur zweieinhalb Jahren Gefängnis zog Armin Bickel nach Karlsruhe. Er kam bei seiner Tante unter und lebte von der Sozialhilfe. Natürlich beging er auch wieder kleinere Straftaten, die allesamt mehr oder weniger ungeahndet blieben. Diebstähle und Sachbeschädigungen gehörten zu seinem Leben.

Am 16. Januar 1999 erstattete die 37-jährige Luzia Bickel gegen ihren Bruder Armin Bickel Anzeige wegen Vergewaltigung. Das war ein äußerst ungewöhnlicher Vorgang, denn egal was auch passiert, Angehörige der Roma zeigen sich normalerweise nicht gegenseitig bei der Polizei an, schon gar nicht innerhalb einer Familie. Die Anzeige sollte jedoch eine Retourkutsche sein, da Luzia den Verdacht hegte, ihr Bruder habe ihren Lebensgefährten wegen mehrerer Einbruchsdiebstähle an die Polizei verraten. Den Verrat, so vermutete sie, hatte er nur deshalb begangen, um sie ungestört sexuell belästigen zu können. Kaum war nämlich der zukünftige Schwager, gegen den schon seit einiger Zeit ein Haftbefehl bestand, von der Polizei aus dem Verkehr gezogen, nistete sich Armin Bickel bei seiner Schwester ein.

Am Abend des 13. Januar machte er es sich im Wohnzimmer seiner Schwester vor dem Fernseher gemütlich und trank ein Bier nach dem anderen. Luzia war müde. Außerdem war ihr die Anwesenheit des Bruders unangenehm, zumal er schon deutlich angetrunken war. Sie begab sich deshalb bereits um 21 Uhr ins Bett.

Gegen 1.30 Uhr wurde sie jäh aus ihrem Schlaf gerissen. Im ersten Moment begriff sie nicht, was geschah. Sie sah nur grelle Lichtblitze vor ihren Augen und meinte, ersticken zu müssen. Instinktiv begann ihr Körper sich gegen den drohenden Tod zu wehren. Sie schlug und trat um sich. Plötzlich bekam sie wieder Luft. Gierig röchelnd zog sie den lebenswichtigen Sauerstoff ein. Jetzt sah sie im Dunkel des Zimmers, wie sich eine Gestalt über sie beugte. Bevor sie begriff, wer es war, spürte sie wie sich zwei Hände mit eisernem Griff um ihren Hals legten. Wieder sah sie grelle Lichtblitze vor ihren Augen und dieses Mal reichte ihre Kraft nicht mehr aus, sich aus dem tödlichen Würgegriff zu befreien. Luzia Bickel verlor das Bewusstsein.

Sie konnte später nicht mehr sagen, wie lange sie ohnmächtig war. Auf dem Wohnzimmersofa wachte sie auf. Ihr Bruder lag splitternackt neben ihr und berührte sie an

Geschlechtsteil und Busen. Mit harscher Stimme befahl er ihr, sie solle ihren Schlafanzug und ihren Schlüpfer ausziehen. Sie weigerte sich jedoch. Daraufhin würgte Armin Bickel seine Schwester erneut. Außerdem drohte er, sie und ihr zweijähriges Kind, das sich im Schlafzimmer befand, umzubringen. Schließlich gehorchte Luzia dem Befehl ihres Bruders und zog sich völlig nackt aus. Sie musste sich anschließend über die Lehne des Sofas beugen und Armin Bickel führte den Geschlechtsverkehr durch. Über die Dauer konnte die Schwester später keine genauen Angaben machen.

Schließlich ließ Bickel von seinem Opfer ab, ohne jedoch zum Samenerguss gekommen zu sein. Er legte sich auf das Sofa und schlief ein, während sich Luzia in ihrem Schlafzimmer einschloss.

Drei Tage später klopfte Bickel des Nachts wiederum an die seit dem Vorfall stets verschlossene Schlafzimmertür seiner Schwester. Luzia wachte auf. Bickel gab vor, Olga, die ältere Schwester sei zu Besuch gekommen und wolle mit ihr reden. Luzia fiel auf diese Finte herein und öffnete die Tür. Im Wohnzimmer stellte sie fest, dass ihr Bruder sie angelogen hatte. Als sie ins Schlafzimmer flüchten wollte, hielt Armin sie jedoch fest. Wieder würgte er sie fast bis zur Bewusstlosigkeit und wieder verging er sich an ihr.

Am nächsten Morgen zog Luzia mit ihrem Kind zu ihrer Schwester.

Noch am selben Tag erstattete sie Anzeige. Dabei erwähnte sie auch, dass sie vor circa drei Jahren von ihrem Bruder schon einmal in ähnlicher Weise auf dem Nachhauseweg von einer Diskothek angegriffen worden war. An einer dunklen Stelle habe er sie auf den Boden geworfen und sofort gewürgt. Beim Würgen lag er auf ihr. Sie habe sich mit Händen und Füßen gewehrt. Schließlich habe er von ihr abgelassen. Sie musste versprechen, niemandem etwas von der Sache zu erzählen. Damals habe Armin noch große Angst vor ihrem Ehemann gehabt, von dem sie sich zwischenzeitlich getrennt habe.

Unmittelbar nach ihrer Anzeige wurde Luzia Bickel einer gynäkologischen Untersuchung unterzogen. Dabei wurden zwei deutliche Rissverletzungen am Scheideneingang festgestellt, die offensichtlich von einem gewaltsamen Geschlechtsverkehr herrührten. Außerdem wurden im Scheidenabstrich des Opfers Trichomonaden festgestellt. Diese Bakterien sind sexuell übertragbar und es war davon auszugehen, dass Armin Bickel auch damit behaftet war. Dies wäre ein gutes Indiz gewesen, mit dem man bei einer Vernehmung dem Beschuldigten zu Leibe rücken könnte, sofern er die Vergewaltigung leugnen würde. Doch Bickel war zunächst unauffindbar. Von dem sachbearbeitenden Kriminalbeamten wurde deshalb bei der Staatsanwaltschaft Karlsruhe angeregt, beim zuständigen Amtsgericht einen Haftbefehl gegen Armin Bickel zu beantragen.

Aber der Beamte hatte bei den Ermittlungen gravierende taktische Fehler gemacht, die sich jetzt rächten. Er hatte Luzia Bickel nämlich insgesamt dreimal und immer zum gleichen Sachverhalt vernommen, was im Normalfall auch lobenswert gewesen wäre. Nur bei Luzia Bickel ging das gehörig ins Auge. Die einfach strukturierte Frau wollte es der Polizei besonders recht machen und brachte bei den immer wiederkehrenden Fragen wichtige Details der Tat chronologisch und inhaltlich derart durcheinander, dass ihre drei Vernehmungsprotokolle in wichtigen Punkten so stark voneinander abwichen, dass sie als Zeugin unglaubwürdig wirkte.

So kam es, dass die zuständige Staatsanwältin einen Haftbefehlsantrag ablehnte. Mehr noch, das Verfahren gegen den Täter wurde gemäß § 170 Strafprozessordnung mit der Begründung eingestellt, die Angaben der Anzeigeerstatterin seien nicht ausreichend zuverlässig. Lakonisch stellte sie fest, dass Luzia Bickel ganz offensichtlich nicht in der Lage sei, die von ihr geschilderten Vorfälle zeitlich geordnet wiederzugeben, was sich in den prägnanten Abweichungen ihrer Angaben bei den verschiedenen Vernehmungen zeigte. Aber auch ihre Aussagen zum Tatablauf im Einzelnen waren nicht

konstant, sodass eine ausreichende Grundlage für eine erfolgversprechende Anklageerhebung fehlte.
Für den Gesetzesunkundigen ist so etwas nur schwer zu begreifen, da doch außer Zweifel feststeht, dass Armin Bickel bereits in früheren Jahren brutale Verbrechen begangen hatte und dafür auch rechtskräftig verurteilt worden war. Doch dazu muss man wissen, dass eine Zeugin wie Luzia Bickel vor Gericht von jedem Strafverteidiger in der Luft zerrissen werden würde, wenn sie nicht schon im Vorfeld durch entsprechende Maßnahmen vor den Attacken der Verteidigung geschützt wird. Obwohl der sachbearbeitende Kriminaloberkommissar schon jahrelang seinen Dienst beim Sittendezernat verrichtete und dabei auch beachtliche Erfolge bei der Aufklärung von schweren Sexualstraftaten vorweisen konnte, unterlief ihm dieses Mal der unverzeihliche Fehler, die Zeugin falsch einzuschätzen. Nachdem deutlich geworden war, um welche Art von Zeugin es sich handelte, hätte zum frühestmöglichen Zeitpunkt ein Glaubwürdigkeitsgutachter herangezogen werden müssen.

So kam es, dass ein mutmaßlicher Täter, dem zwei vollendete und eine versuchte Vergewaltigung zur Last gelegt wurden, strafrechtlich nicht zur Verantwortung gezogen wurde. Er wurde nicht einmal zur Sache vernommen, da er flüchtig war und erst wieder auftauchte, als das Verfahren gegen ihn bereits eingestellt war.

Am 22. Juli 1999, also nur sechs Monate später, wurde dem Dezernat Kapitalverbrechen ein Leichenfund in einer Wohnung gemeldet. Bei dem Toten handelte es sich um einen 64-jährigen, allein stehenden Mann namens Valentin Wolf, der aufgrund einer Kinderlähmung gehbehindert war. Außerdem war er Alkoholiker mit einer langen Trinkerkarriere, lebte vom Sozialamt und wurde stundenweise von Sozialarbeitern betreut.

Als die Kriminalbeamten am Leichenfundort eintrafen, stellte sich die Situation für sie so dar, dass die Leiche in einer merkwürdigen Haltung im Bett lag. Der Mann befand sich in

Bauchlage, beide Beine ausgestreckt. Er war mit einer Bettdecke bis zur Hüfte abgedeckt, sein Kopf war nach rechts gedreht. Der linke Arm lag unter der Brust und die Hand hing in Höhe der rechten Schulter über die Bettkante hinaus, während sich der rechte Arm in geradezu bizarrer Haltung angewinkelt neben der rechten Körperseite befand. Vor dem Bett lagen ein Kissen sowie eine Unterhose mit Blutantragungen.

Aus Ohren, Nase und Mund der Leiche trat Blut aus. Ein Schneidezahn war locker. An der Stirn waren zwei genähte Platzwunden zu erkennen, die nicht älter als zwei Tage zu sein schienen. Beide Augen, der rechte Ellenbogen und beide Schultern waren großflächig mit Hämatomen belegt. Im oberen Brust- und Halsbereich befanden sich flächenhaft dunkle Einblutungen in verschiedener Größe und Form. Der Kopf und insbesondere das Gesicht waren stark violett verfärbt. Die Leichenstarre war voll ausgeprägt und die Leichenflecken zeigten eine hellviolette Farbe und waren noch mit leichtem Druck wegdrückbar. Die Leichentemperatur betrug 33,1° Celsius.

Der Leichnam war lediglich mit grauen Socken sowie einem hellen Unterhemd bekleidet. Auf den ersten Blick sah es so aus, als handelte es sich hier um einen typischen Trinkertod, zumal überall in dem verwahrlosten Zimmer leere Flaschen herumlagen.

Viele Alkoholiker werden unter ähnlichen Umständen aufgefunden. Aufgrund veränderter Blutgerinnungsfaktoren und Gefäßerweiterungen sind bei den meisten Alkoholtoten an beliebigen Stellen des Körpers mehr oder weniger stark ausgeprägte Hämatome zu sehen, die bei ihnen zwar sehr leicht entstehen, aber eine weitaus längere Rückbildungszeit als beim Nichtalkoholiker haben. Bereits leichte Stürze oder ein Anstoßen an harten Gegenständen verursachen bei einem Alkoholiker großflächige Hämatome. Oft ist auch bei toten Alkoholikern starker Blutaustritt an Mund, Nase und Ohren feststellbar. Das kommt daher, dass durch jahrelanges Trinken das Gewebe und insbesondere die großen Blutgefäße in der

Speiseröhre so brüchig werden, dass sie irgendwann und ohne Vorwarnung wie ein poröser Fahrradschlauch aufplatzen. Aneurysma ist der medizinische Ausdruck hierfür. Bei einem Aneurysma gibt es für den Betroffenen keine Rettung mehr. Er verblutet qualvoll innerhalb von Minuten. Dabei tritt eine so große Menge Blut aus den Gefäßen, dass der Magen nicht alles aufnehmen kann. Die Folge ist, dass sich Mund- und Rachenraum ebenfalls mit Blut füllen und der Blutschwall aus allen natürlichen Öffnungen des Kopfes tritt. Nicht selten sieht es dann am Leichenfundort wie auf einem Schlachtfeld aus, da der Betroffene, solange er noch bei Bewusstsein ist, panikartig in seiner Wohnung umherirrt, bis er durch den hohen Blutverlust endlich zusammenbricht.

Manche Alkoholiker benötigen nur wenige Jahre, um solch einen Tod zu erleiden. Auch relativ jungen Trinkern wurde diese degenerative Begleiterscheinung des ständigen Alkoholgenusses schon zum Verhängnis.

Die Leiche des Valentin Wolf wurde durch einen Zivildienstleistenden gefunden, der den Verstorbenen zu Lebzeiten täglich aufsuchte, um ihm das Essen zu bringen. Der Zivi gab gegenüber den Kriminalbeamten an, er habe wie immer an der Wohnungstür geklingelt, bis ein ihm unbekannter Mann die Tür öffnete. Der Mann wollte ihm den Zutritt in die Wohnung verweigern. Er habe sich jedoch nicht abwimmeln lassen und habe gegen den Widerstand des Mannes die Wohnung betreten. Unmittelbar darauf habe er Valentin Wolf tot auf seinem Bett vorgefunden. Als er den Unbekannten zur Rede stellen wollte, habe dieser fluchtartig die Wohnung verlassen.

Während der Befragung des Zivi erschienen zwei Bekannte des Toten. Es handelte sich hierbei um die ehemalige Putzfrau Valentin Wolfs und deren 18-jährigen Sohn Philipp Soder. Letzterer sagte aus, ihm sei bekannt, dass der Tote seit etwa einer Woche einen Armin Bickel bei sich aufgenommen hatte. Dieser Bickel hätte gegen 10 Uhr angerufen und ihn gebeten zu kommen, da es dem Valentin schlecht gehen würde. Soder kenne Bickel schon länger und habe ihn auch mit Valentin Wolf bekannt gemacht. Bickel sollte sich etwas um den schon debilen und hilfsbedürftigen Wolf kümmern.

Eine Nachbarin gab noch zu Protokoll, dass sie in der Nacht, zwischen 0.30 und 1 Uhr laute Schreie aus der Wohnung gehört hatte. Danach sei es die ganze Nacht über ruhig gewesen.

Aufgrund der Spurenlage und den Zeugenaussagen gingen die Kriminalbeamten davon aus, dass es sich im vorliegenden Fall mit einiger Wahrscheinlichkeit um ein Kapitalverbrechen handelte und dass der von Philipp Soder benannte Armin Bikkel dringend verdächtig war, den Tod des Valentin Wolf verschuldet zu haben. Über die Staatsanwaltschaft wurde beim Amtsgericht eine Obduktion der Leiche beantragt. Dazu vernahm man noch weitere Zeugen aus dem Umfeld des Toten. Über die so genannte Personenauskunftsdatei der Polizei konnte sehr schnell in Erfahrung gebracht werden, wer sich hinter der Person des Armin Bickel verbarg.

Nachdem sich Bickel vom Tatort entfernt hatte, zog er wie ein gehetzter Wolf in der Stadt umher. Schließlich wollte er seinen Bekannten Philipp Soder anrufen, um von ihm Zigaretten zu erbitten. Am Telefon war jedoch dessen Mutter. Ihr teilte er mit, er befinde sich im Schlossgarten und Philipp solle ihm baldmöglichst Zigaretten bringen. Frau Soder verständigte darauhin die Polizei. Kurze Zeit später wurde Armin Bickel widerstandslos festgenommen.

Bei seiner ersten Vernehmung gab sich Bickel regelrecht als Wohltäter, Beschützer und Krankenpfleger des Verstorbenen aus. Er habe sich um Valentin Wolf gekümmert, ihm zu essen und zu trinken besorgt und ihn vor allen Dingen vor Erpressungsversuchen des Philipp Soder zu schützen versucht. Soder habe nämlich den armen Mann regelmäßig um Geld erpresst und auch beraubt (was sich später auch bestätigte). Dabei habe er den Wolf vor zwei Tagen derart zusammengeschlagen, dass dieser am Kopf Platzwunden davontrug, die im Krankenhaus genäht werden mussten.

Auf den Umstand angesprochen, dass Valentin Wolf tot sei, gab Bickel zu Protokoll: »Gestern abend, gegen 20 Uhr, kam ein großer, schwarzhaariger Kerl zu Besuch. Er war etwa 30 Jahre alt und trug schwarze Lederhosen und schwarze Schuhe. Valentin ging mit ihm in die Küche und ich habe gehört wie sich die beiden stritten, weil Valentin bei dem Mann angeblich 2.000 DM Schulden hatte. Dann habe ich gesehen, dass der Mann den Valentin schlug und würgte. Ich bin dazwischen gegangen, aber der Mann hat auch mich geschlagen. Da ich Angst vor ihm hatte, bin ich abgehauen.

Gegen Mitternacht kam ich wieder nach Hause. Valentin lag auf seinem Bett. Ich habe mich nicht weiter um ihn gekümmert und habe mich schlafen gelegt. Heute Morgen um 10 Uhr bin ich aufgestanden. Ich habe Philipp Soder angerufen und ihn gebeten, er möge mir Zigaretten bringen. Dann kam der Zivi und hat gesehen, dass Valentin tot ist. Ich bekam Schiss und bin abgehauen.«

Der große Unbekannte ganz in Schwarz – diese Story wurde Armin Bickel natürlich nicht abgenommen, und schon gar nicht von dem erfahrenen Kommissar Hauns, der in der Vergangenheit bereits mehrere komplizierte Fälle gelöst hatte. Dem Kriminalbeamten gelang es, Bickel sehr bald so weit zu bringen, dass er ein Geständnis ablegte, in dem es hieß:

»Ich habe gedacht, ich komme mit meiner Geschichte durch. Aber es hat keinen Sinn, ich sehe es ein. Ich sage jetzt die Wahrheit. Wie bekannt sein dürfte, bin ich in der ehemaligen DDR in einem Gefängnis für Sexualtäter gesessen. Ich habe ›drüben‹ eine Frau vergewaltigt, muss aber sagen, dass ich bisexuell bin.

Gestern Abend war ich stark betrunken und ich glaube, dass ich dem Valentin was angetan habe, ich habe ihn vergewaltigt. Er hat sich dagegen gewehrt und deshalb habe ich ihm den Hals zugedrückt. Dann hat er aufgehört, sich zu wehren. Er lag auf dem Bett in Bauchlage. Ich habe mich auf ihn gelegt und habe es so gemacht, wie ich es auch bei Frauen immer gemacht habe und zwar so lange, bis es mir gekommen ist.

Danach habe ich mich neben ihn gelegt und bin eingeschlafen. Als ich heute morgen aufgewacht bin, habe ich gesehen, dass Valentin tot ist. Dann habe ich Philipp Soder angerufen. Gleich darauf kam der Zivi.«

Auf die Frage, ob er sich durch das Würgen sexuell erregt habe, meinte Bickel: »Nein, ich habe ihn nur gewürgt, dass er ruhig liegen bleibt und ich ihn vergewaltigen konnte. Wie das alles genau passierte, kann ich beim besten Willen nicht mehr sagen. Es muss wohl so gewesen sein, dass ich ihn mit Gewalt ins Schlafzimmer gebracht und ihn auch mit Gewalt aufs Bett gelegt habe. Ich bin einfach durchgedreht und weiß jetzt nicht mehr viel davon. Das passiert mir immer, wenn ich Alkohol trinke. Fragen Sie meine Tante, die habe ich auch schon öfters vergewaltigt, wenn ich besoffen war.«

»Was haben Sie? Sagen Sie das noch mal!« Kommissar Hauns schaute in diesem Moment völlig verblüfft aus der Wäsche. »Meine Tante kann bestätigen, dass ich sie auch schon mehrfach gewürgt und vergewaltigt habe, als ich besoffen war«, antwortete Bickel mit einer Selbstverständlichkeit, die Hauns, der einiges gewöhnt war, doch erschütterte. »Und wie heißt Ihre Tante, wie alt ist sie, wo wohnt sie?«

Als Bickel unter anderem angab, seine Tante sei so um die 80 Jahre alt und es habe Zeiten gegeben, wo er jeden Tag mit ihr Geschlechtsverkehr hatte, beschloss Hauns, die Vernehmung zunächst abzubrechen, um die Angaben und somit die Glaubwürdigkeit des Beschuldigten zu überprüfen.

Sehr schnell stellte sich heraus, dass es die Tante wirklich gab. Sie war 78 Jahre alt. Auf ihr Befinden angesprochen, gab sie an, sie habe zwar einen künstlichen Darmausgang und andere kleine Wehwehchen, aber ansonsten gehe es ihr noch einigermaßen gut. Eine Befragung der alten Frau gestaltete sich äußerst problematisch, da sie zum einen sehr schlecht hörte und zum anderen größtenteils nur die Sprache der Roma benutzte. Kommissar Hauns musste viel Zeit und Mühe aufbringen, um eine einigermaßen brauchbare Vernehmung durchzuführen.

Die alte Dame stellte zunächst vehement in Abrede, von ihrem Neffen vergewaltigt worden zu sein. Erst nach und nach kam die Wahrheit ans Licht, wobei abscheuliche Einzelheiten zutage traten. Die Tante bestätigte, dass ihr Neffe sie zu unterschiedlichen Formen des Geschlechtsverkehrs gezwungen hatte, u. a. zu analem und oralem Verkehr.

Hier ein Auszug aus dem Vernehmungsprotokoll: »Viel später, wann weiß ich aber nicht mehr, saßen wir zusammen auf dem Sofa. Armin sagte dann, dass er immer, wenn er Alkohol trinkt, Sex braucht. Ich sagte zu ihm, er könne sich den Sex doch in der Stadt holen. Darauf nahm er ganz zärtlich meine Hand und führte mich ins Nebenzimmer. Dort setzten wir uns auf sein Bett. Plötzlich gab er mir einen heftigen Stoß, so dass ich mit dem Kopf gegen die Wand schlug. Ich wurde halb ohnmächtig. Er packte mich an den Beinen, zog mich nach vorne, legte sich auf mich und würgte mich derart, dass ich fast das Bewusstsein verlor. Armin sagte, er würde mir nichts tun, wenn ich mache was er will. Aber dann schrie er doch irgendwann: ›So, jetzt bringe ich dich um!‹ Dann rutschte er aber nur längere Zeit auf mir herum.«

Auf die Frage, warum sie die Vorfälle nicht bei der Polizei angezeigt habe, meinte die alte Frau, Armin habe gedroht, er werde sie und ihre sieben Kinder umbringen. Das habe sie geglaubt, weil jeder in der Familie weiß, dass er schon sehr schlimme Sachen gemacht hat.

Weiter gab die Tante bei der Befragung an, dass ihr Neffe nicht nur Luzia, sondern auch Rosaria, seine andere Schwester, vergewaltigt habe.

Rosaria wurde noch am gleichen Tag dazu befragt. Die Vernehmung war ihr sichtlich peinlich. Vehement stellte sie in Abrede, jemals von ihrem Bruder sexuell angegangen worden zu sein. Ihre Angaben erschienen jedoch wenig glaubhaft. Sie hinterließ den Eindruck, nicht nur aus Scham, sondern auch aus Angst vor ihrem Bruder nicht die Wahrheit zu sagen.

Bei der zweiten Vernehmung Armin Bickels versuchte Kommissar Hauns nochmals auf Details der Umstände, wie Valentin Wolf zu Tode gekommen war, einzugehen. Ähnlich wie seine Schwester sechs Monate zuvor, brachte Armin Bickel dabei einiges durcheinander. Immer wieder gab er an, sich nicht mehr erinnern zu können, obwohl erst zwei Tage vergangen waren. Schließlich musste sich Hauns damit abfinden, dass eine exakte Rekonstruktion der Tat mit Armin Bickel einfach nicht möglich war. Zum besseren Verständnis der Vernehmungssituation hier ein weiterer Auszug aus seinem Geständnis: »Ich muss dann wohl ins Schlafzimmer gegangen sein. Ob Valentin schon entkleidet war, weiß ich nicht mehr. Er muss sich dann wohl gewehrt haben, sonst hätte ich das ja nicht gemacht, das mit dem Schlagen und Würgen. Das passiert mir öfters, dass ich an einem Tag was weiß und am anderen dann nicht mehr. Die Tante kann das bestätigen. Ich bin auch schon in der Stadt herumgelaufen und wusste von einer Sekunde auf die andere nicht mehr, wo ich bin.

Ich weiß nur eins, ich bin gewalttätig, ich mache so was. Ob ich es bei Valentin auch gemacht habe, weiß ich jetzt nicht mehr genau.

Mit meiner Tante hatte ich täglich Sex, fast fünf Jahre lang. Sie hat sich manchmal gewehrt, aber ich dachte, weil sie mich nicht angezeigt hat, war das doch dann freiwillig, oder?

Jetzt sage ich noch etwas, was ich bisher noch nicht gesagt habe. Es stimmt, dass ich meine eigene Schwester, die Luzia, vergewaltigt habe. Ich habe sie eben genommen, mit Gewalt, im Suff. Ich habe sie gewürgt.«

Auf die Frage, ob ihm das Würgen gefällt, antwortete Bickel: »Das ist, weil sie sich wehren. Das kommt so über mich. Ich würge, dass sie nicht schreien, dass sie ruhig sind. Aber irgendwie macht mich das auch geil. Dann komme ich schneller.«

Weitere Auszüge aus seiner Vernehmung:

Frage: »Haben Sie in der DDR, außer der einen Frau, noch andere Frauen vergewaltigt?«

Antwort: »Die haben mich nur wegen einer eingesperrt. Was anderes haben die mir nicht nachweisen können.«

Frage: »Hat man Ihnen nichts nachweisen können oder haben Sie nichts gemacht?«

Antwort: »Doch, ich habe dauernd was gemacht. Ich kann gar nicht mehr zählen, wie oft ich fremde Frauen vergewaltigt habe. Bei allen Gelegenheiten. Ich war dabei immer besoffen. Manchmal habe ich Frauen auf offener Straße überfallen und ins Gebüsch gezerrt. Manchen habe ich auch im Wald aufgelauert. Wenn sie davonrennen wollten, habe ich sie gewürgt, bis sie bewusstlos waren. Dann habe ich Sex mit ihnen gemacht.«

Frage: »Haben Sie auch andere Sachen mit ihnen gemacht?«

Antwort: »Bei Frauen nicht, nur bei Männern. Denen habe ich ihn hinten in den Arsch gesteckt.«

Frage: »Haben Sie auch mit Kindern was gemacht?«

Antwort: »Nee, da mach ich nix. Mir gefallen nur reife Männer. Aber früher, als Luzia vielleicht sechs, sieben Jahre alt war, habe ich es mit ihr gemacht. Das war aber kein richtiger Geschlechtsverkehr.«

Frage: »Haben Sie in der DDR bei solchen Vergewaltigungen schon jemanden getötet?«

Antwort: »Nee, das hätten die doch rausgekriegt. Ich wurde immer nur wegen der Vergewaltigungen ausgefragt. Die habe ich aber verarscht, habe mit ihnen Kasperltheater gespielt.

Ich weiß, dass ich eine Gefahr für die Menschheit bin und wäre froh, wenn mir ein Arzt helfen könnte, meinen Trieb loszuwerden. Notfalls würde ich mich auch kastrieren lassen.«

Frage: »Wir werden Sie hinsichtlich aller ungeklärten Sexualstraftaten der letzten Jahre überprüfen. Jetzt hätten Sie die Möglichkeit, ganz ehrlich zuzugeben, ob Sie Straftaten, wenn ja, wann, wo und welche begangen haben. Was halten Sie davon?«

Antwort: »Ja, ich gebe zu, dass ich vor etwa fünf Jahren in Karlsruhe, in der Nähe des Hauptbahnhofes eine Pennerin vergewaltigt habe. Die habe ich erst kurze Zeit gekannt, so drei, vier Stunden bevor ich das gemacht habe. Ihren Namen hat sie mir nicht gesagt. Ich bin mit ihr an den kleinen See gegangen. Dort haben wir uns hingesetzt und unterhalten. Dann bekam ich plötzlich wieder was in den Kopf. Ich habe sie am Hals gepackt und gewürgt. Geschlagen habe ich sie auch. Sie hat geschrien, ich solle mit dem Schlagen und Würgen aufhören. Ich hörte auf und sie hat Ruhe gegeben. Was sonst noch im Einzelnen war, weiß ich nicht mehr. Ich habe mein ›Geschäft‹ gemacht und bin danach aufgestanden und weggelaufen. Ein paar Tage später habe ich sie wieder gesehen. Sie war im Gesicht grün und blau geschlagen. Ich nehme an, das war von mir. Ich habe mich gleich dünne gemacht, bevor sie mich sehen konnte.«

Frage: »Haben Sie auch etwas mit Ihrer Schwester Rosaria gemacht?«

Antwort: »Ja, aber nur einmal. Das war letzten Winter in der Wohnung der Tante. Wir waren allein und beide ordentlich besoffen. Da habe ich sie am Hals gepackt und gewürgt. Sie schrie sehr laut, sie mache alles, wenn ich aufhöre mit dem Würgen.«

Frage: »Würgen Sie vielleicht auch, wenn es nicht mehr richtig bei Ihnen geht?«

Antwort: »Ja, das nehme ich an. Ich würge zunächst, damit sie ruhig sind und wenn ich dann weiter würge, habe ich einen besseren Abgang.«

Frage: »Innerhalb Ihrer Familie kursiert das Gerücht, Sie hätten in der DDR schon mal jemand umgebracht. Stimmt das?«

Antwort: »Nee, nee! Ich habe viele vergewaltigt, aber umgebracht habe ich keine. Das ist nur ein Gerücht. Ich habe immer nur gewürgt, bis ich gemerkt habe, dass denen die Hände runterfallen. Danach habe ich sofort aufgehört. Die sind nachher alle wieder aufgestanden. Bei Valentin hat mich das gewundert. Der ist nicht mehr aufgestanden. Dafür muss ich jetzt gerade stehen, das sehe ich ein. Dass ich ihn umgebracht habe, passt mir überhaupt nicht. Es ist mir auch unerklärlich. Ich habe oft gewürgt und immer gewusst, wann ich aufhören muss. Sobald die Frauen schlaff wurden, habe ich meine Hände weggenommen, weil sonst wäre es ja gefährlich geworden.«

Frage: »Stehen Sie sexuell mehr auf Frauen oder auf Männer?«

Antwort: »Mir ist es egal, ob Frau oder Mann.«

Frage: »Haben Sie vor Valentin Wolf noch andere Männer vergewaltigt?«

Antwort: »Nein, bei Männern musste ich nie Gewalt anwenden. Die haben alle freiwillig mitgemacht, nur der Valentin nicht.«

Kommissar Hauns und ein weiterer Kollege gaben sich viel Mühe, um die von Bickel in früheren Jahren verübten Sexualstraftaten zu recherchieren. Doch außer dem bereits bekannten Fall der Iris Habich konnten ihm keine weiteren Straftaten in der ehemaligen DDR zugeordnet werden. Das mag vielleicht daran liegen, dass sich Frauen im Allgemeinen schwer tun, solche Straftaten anzuzeigen.

Mit der Vergewaltigung in der Nähe des Hauptbahnhofes Karlsruhe verhielt es sich anders. Dieser Fall war binnen kurzer Zeit recherchiert. Hierzu ist zu bemerken, dass in Deutschland alle Straftaten, ob geklärt oder ungeklärt, nach bestimmten Mustern elektronisch gespeichert werden. Manchmal dauert es nur wenige Sekunden, bis der Polizei durch eine Recherche in diesem Datensystem ein brauchbares Ergebnis vorliegt. In vorliegendem Fall wurde mit folgenden Kriterien recherchiert: Vergewaltigung durch Einzeltäter, Zeitraum von 1994 bis 1995, im Freien, Nähe Hauptbahnhof Karlsruhe, wohnsitzloses Opfer, Täter würgte und schlug.

Entgegen den Vermutungen hatte die »Pennerin« die Vergewaltigung im Juni 1995 tatsächlich zur Anzeige gebracht, aber nur, weil sie während einer Polizeikontrolle wegen ihres durch die Schläge Bickels entstellten Gesichtes auffiel.

Zusammenfassend konnte die Kriminalpolizei somit gegen Armin Bickel bei der Staatsanwaltschaft Karlsruhe Strafanzeigen vorlegen wegen

1. Mord in Tateinheit mit Vergewaltigung zum Nachteil des Valentin Wolf
2. Vergewaltigung/sexuelle Nötigung in drei Fällen zum Nachteil Luzia Bickel
3. Vergewaltigung/sexuelle Nötigung zum Nachteil Rosaria Bickel
4. Vergewaltigung/sexuelle Nötigung sowie versuchte Vergewaltigung in mehreren Fällen zum Nachteil Martha Hausmann (Tante)
5. Vergewaltigung/sexuelle Nötigung zum Nachteil Klara Biber (Wohnsitzlose).

Bei der im März 2000 stattfindenden Hauptverhandlung vor dem Landgericht Karlsruhe war Armin Bickel voll geständig. Als Zeugin leugnete Rosaria Bickel nach wie vor, von ihrem Bruder vergewaltigt worden zu sein, obwohl er es felsenfest behauptete und damit regelrecht um eine Bestrafung in dieser Sache bettelte. Das Gericht entschied jedoch in dubio pro reo und stellte das Verfahren hinsichtlich Rosaria Bickel ein.

Des Weiteren erkannte das hohe Gericht im Fall Valentin Wolf nicht auf Mord, sondern auf eine so genannte Tat im Vollrausch gemäß § 323a Strafgesetzbuch, die mit einer Höchststrafe von 5 Jahren bedroht ist. Die Richter gingen davon aus, dass Armin Bickel zum Zeitpunkt der Tat einen Alkoholgehalt von circa 3,5 Promille im Blut hatte. Aufgrund dessen, so die Begründung, erkannte Bickel bei der Ausführung der Tat zwar das Unerlaubte seines Tuns, war jedoch nicht in der Lage, sein Verhalten zu steuern.

Hierzu ist anzumerken, dass es sich bei § 323a um einen Auffangparagraphen handelt. Ein Täter, der so stark betrunken ist, dass er sich nachweislich in einem Zustand der Unzurechnungsfähigkeit befindet, würde, egal ob er einen Massenmord oder nur einen Hühnerdiebstahl begeht, gemäß § 20 Strafgesetzbuch normalerweise straffrei ausgehen, wenn es den § 323a im Strafgesetzbuch nicht gäbe. Dass Bickel zum Zeitpunkt der Tat unzurechnungsfähig war, leitete das Gericht von einer über 12 Stunden nach der Tötung des Valentin Wolf erhobenen Blutprobe des Angeklagten und der retrograden Bestimmung des Blutalkoholgehaltes ab, was allein gesehen sicher anzuzweifeln gewesen wäre, da nach so langer Zeit eine zuverlässige Feststellung der Blutalkoholkonzentration mehr als fraglich erscheint. Im Fall Bickel kam aber noch dessen Schwachsinn und die glaubhafte Darstellung der Tat hinzu. »Um den Widerstand des Valentin Wolf zu brechen, würgte Bickel wie gewohnt sein Opfer bis zur Bewusstlosigkeit. Der Angeklagte hatte dabei weder die Absicht, Wolf zu erwürgen, noch nahm er billigend in Kauf, dass durch das Würgen sein Opfer tatsächlich zu Tode kommen konnte. Aufgrund seines immanenten Schwachsinns und des hinzukommenden Alkoholrauschs erkannte der Angeklagte nicht, dass Valentin Wolf erstickte. Ohne zu bemerken, dass der vermeintlich Bewusstlose schon tot war, legte sich der Angeklagte auf den in Bauchlage befindlichen Toten und rieb sein Geschlechtsteil bis zum Samenerguss an dessen Gesäß. Danach schlief der Angeklagte neben dem Toten ein. Am nächsten Morgen versuchte er vergeblich, Valentin Wolf zu wecken, um mit ihm zu frühstücken.« Soweit ein Auszug aus dem Urteil.

Trotz der zweifelsfrei festgestellten und nicht im Vollrausch begangenen Notzuchtverbrechen an Schwester, Tante und der wohnsitzlosen Frau, fiel die Höhe des Strafmaßes zu Gunsten des Angeklagten milde aus. Armin Bickel erhielt nur fünfeinhalb Jahre Gefängnis für seine Untaten. Allerdings, so wurde im Urteil weiter festgelegt, wird er danach auf unbestimmte Zeit sein Leben in der geschlossenen Abteilung einer Psychiatrie verbringen müssen. Das Gericht schloss sich damit der Auffassung des psychiatrischen Gutachters an, der unter anderem feststellte, dass von Armin Bickel eine zeitlich überdauernde, hochgradige Gefährlichkeit ausgeht. Gravierende Sexualstraftaten, bis hin zur sexuell motivierten Tötung, seien jederzeit mit hoher Wahrscheinlichkeit von ihm zu erwarten, da seine zugrunde liegenden psychischen Störungen (Debilität, fehlgesteuerte Sexualität, labile Emotionalität) fortbestünden und er, sobald er in Freiheit ist, seine früheren Lebensgewohnheiten, einschließlich seines habituellen Alkoholmissbrauches, wieder aufnehmen würde.

Demzufolge müsste Armin Bickel eigentlich bis ins hohe Alter sein Leben in der geschlossenen Abteilung einer Psychiatrie fristen, sofern sich kein Gutachter findet, der ihm eine positive Prognose bescheinigt. Dies dürfte jedoch in diesem Fall höchst unwahrscheinlich sein.

Die Samaritermaske

Daniela Keller hatte an jenem 21. August 1998 um 10 Uhr einen Termin bei ihrem Zahnarzt in der Karlsruher City. Sie kam in der Praxis jedoch nie an. Ihr Mann gab an, sie habe sich um 9 Uhr von ihm und der Kleinen verabschiedet und sei mit der Straßenbahn weggefahren. Seitdem habe er sie nicht mehr gesehen.

Zum Zeitpunkt ihres Verschwindens war Daniela Keller im neunten Monat schwanger. Sie trug einen gesunden Jungen unter ihrem Herzen. Felix, der Glückliche, sollte er mal getauft werden. Aus ihrer Ehe mit dem Rettungsassistenten Friedbert Keller war bereits eine Tochter namens Victoria hervorgegangen. Victoria, als Sinnbild des Sieges und der Krönung einer vollendeten, einer großen Liebe. Die hübsche, kleine Tochter war nun knapp zwei Jahre alt und konnte schon die ersten vollständigen Sätze plappern. Wie sehr die Zweijährige von ihren Eltern vergöttert wurde, sah man unter anderem daran, dass Victoria immer noch gestillt wurde. Wenngleich auch nur noch nach dem Mittagsessen und mehr symbolisch oder einfach deshalb, damit das Kind besser in den Mittagsschlaf kommt. Daniela Keller war das, was man unter einer vorbildlichen Mutter versteht. Schon während ihrer ersten Schwangerschaft vermied sie alles, was dem kleinen Leben in ihrem Bauch auch nur im Entferntesten schaden könnte und beim Essen achtete sie auf eine ausgewogene Zufuhr von Vitaminen und Mineralien. Die Geburt verlief problemlos. Es kam ein prächtiges Baby zur Welt. Als Rettungsassistent war der Vater selbstverständlich bei der Niederkunft hautnah dabei und genoss so in vollen Zügen das große Wunder der Geburt eines Menschen.

Man war nun in der schmucken Wohnung eines Mehrfamilienhauses in einer Randgemeinde von Karlsruhe eine richtige Familie und überglücklich, dass das putzige Würmchen vom ersten Tag an gedieh, ja vor Gesundheit nur so strotzte.

Das alles sollte sich natürlich bei dem kleinen Felix wiederholen. Dass nun ein Junge unterwegs war, verstärkte noch das Glück. Was wollte man mehr? Bestimmt geht bei der Geburt auch alles wieder gut, dachte man. Daniela Keller war mit knapp 30 Jahren im besten Mutteralter und schien gesundheitlich robust zu sein. Mit etwa 177 cm Größe wog sie zwischenzeitlich 95 Kilogramm. Ihre Schwangerschaft sah man ihr mehr als deutlich an. Der voraussichtliche Entbindungstermin sollte der 14. September 1998 sein. Die Tasche mit den üblichen Utensilien für den einwöchigen Krankenhausaufenthalt und mit einer ersten Babyausstattung, natürlich in Blau, stand schon bereit.

Als Daniela um 14 Uhr des 21. August 1998 noch nicht zu Hause war, habe er sich zum ersten Mal Gedanken über ihr Fernbleiben gemacht, so Friedbert Keller. Dann habe er sich aber kurz hingelegt und sei auch eingeschlafen. Um 15 Uhr weckte ihn das Telefon. Seine Mutter habe ihn angerufen. Ihr habe er unter anderem erzählt, dass Daniela noch nicht vom Zahnarzt zurück sei. Die Mutter hätte ihm geraten, den Zahnarzt anzurufen, was er dann auch tat. Von der Sprechstundenhilfe hätte er die Auskunft erhalten, dass seine Frau den Termin nicht wahrgenommen habe. Über diesen Umstand habe er sogleich seine Mutter telefonisch informiert. Danach hätte er alle möglichen Bekannten und Verwandten sowie die Krankenhäuser in der Umgebung angerufen. Überall erteilte man ihm eine negative Auskunft.

Daniela hatte keine akuten Zahnprobleme. Es sei nur eine der regelmäßigen Vorsorgeuntersuchungen gewesen. Deshalb sei er sich nicht sicher gewesen, ob sie statt zum Zahnarzt zu gehen, nicht doch einen Stadtbummel gemacht haben könnte. Sie habe manchmal, eher selten, spontane Dinge gemacht.

Gegen 20.40 Uhr habe er nochmals bei dem Zahnarzt seiner Frau privat zu Hause in der Hoffnung angerufen, die

Sprechstundenhilfe könnte sich bei der ersten Auskunft vielleicht geirrt haben. Unmittelbar daraufhin habe er noch seine Schwiegermutter angerufen und danach hätten sich seine Mutter sowie seine Tante mit ihm telefonisch in Verbindung gesetzt. Beide hätten ihm dringend geraten, die Polizei zu verständigen.

Um 21.05 Uhr rief Friedbert Keller dann schließlich und endlich über 110 die Polizei an. Er erkundigte sich, ob es irgendein Vorkommnis unter dem Namen Daniela Keller gäbe. Der Beamte verneinte und richtete seinerseits an den Anrufer die üblichen Fragen. Keller berichtete, dass er schon bei allen Bekannten, Verwandten und Krankenhäuser angerufen habe. Er erwähnte jedoch nicht, dass seine Frau hochschwanger war und auch ihre sonstige Zuverlässigkeit verschwieg er. Vielmehr gab er sich mit der nochmaligen Auskunft zufrieden, dass es keinen Vorfall Daniela Keller gegeben habe und beendete von sich aus das Gespräch. Der Beamte sah sich danach nicht veranlasst, weitere Schritte zu unternehmen. Insbesondere rief er Keller auch nicht zurück. Aus seiner Sicht hörten sich die Ausführungen des Anrufers harmlos an. Es ergaben sich keine Hinweise auf Suizidgefahr oder sonstige Gefährdung der abgängigen Person, geschweige denn Anhaltspunkte auf ein Verbrechen. Aufgrund seiner jahrelangen dienstlichen Erfahrung wusste er, dass sich Ehepartner oftmals eine Auszeit nehmen und für ein paar Stunden oder gar Tage abtauchen.

Kurz vor 22 Uhr rief Friedbert Keller nochmals Mutter und Schwiegermutter an. Dann ließ er die Nacht und damit wertvolle Stunden verstreichen.

Es war Samstag, der 22. August 1998, frühmorgens um 7.15 Uhr, als Keller sich mit dem nächstgelegenen Polizeirevier in Verbindung setzte. Der Beamte, der den Anruf entgegennahm, wurde sofort hellhörig, als ihm Friedbert Keller mitteilte, dass seine sonst so zuverlässige Frau nun schon fast 24 Stunden verschwunden war und einen Zahnarzttermin nicht wahrgenommen hatte. Über Nacht sei sie noch nie weggeblieben. Als der besorgte Ehemann dann fast beiläufig erwähnte, seine Frau sei im neunten Monat schwanger, schrillten bei dem Polizeibeamten mit einem Mal alle Alarmglocken. Auf den Vorhalt, warum er denn so lange mit einer offiziellen Vermisstenanzeige gewartet habe, antwortete Keller: »Ich dachte halt, sie würde noch kommen.«

Es folgte nun eine erste richtige Befragung des Anrufers. Keller wurde unter anderem auch gefragt, ob er mit seiner Frau Streit gehabt hatte. Etwas kleinlaut gab er zur Antwort: »Nein, nicht mehr.« Nochmals nachgefragt, gab er dann definitiv die Auskunft, dass sie keinen Streit hatten.

Nach Beendigung des Telefonates wurde nun bei der Polizei ein Prozess in Gang gesetzt, der zwar schon 1000-mal geübt und in der Praxis auch vollzogen wurde, bei dem jedoch immer wieder Fehler gemacht werden, da jeder Fall anders liegt und somit unterschiedlich zu beurteilen ist.

Doch der die Anzeige aufnehmende Beamte der Schutzpolizei war von Beginn an sehr engagiert. Obwohl der Anzeigeerstatter ihm mitteilte, alle Krankenhäuser und sonstigen Anlaufadressen abgefragt zu haben, machte er sich die Mühe, selbst noch mal eine umfangreiche Telefonabfrage durchzuführen. Da seine Bemühungen keinen Erfolg brachten, leitete er den Fall, gemäß den Dienstvorschriften, unverzüglich an den Kriminaldauerdienst des Polizeipräsidiums Karlsruhe weiter. Von dort wurde Keller gegen 14 Uhr des gleichen Tages zu einer ersten schriftlichen Vernehmung einbestellt. Der Vernehmungsbeamte schätzte die Lage aufgrund der Tatsache, dass Frau Keller hochschwanger war, sehr ernst ein. Er fertigte ein fünfseitiges Vernehmungsprotokoll an, in dem der Ehemann ausführlich über Gewohnheiten, eventuelle Depressionen und sonstige Krankheiten seiner Frau berichten musste. Auch wurde Keller, so unangenehm es ihm auch erschien, über seine familiären Verhältnisse sehr intensiv befragt.

Er berichtete, ihm sei in den letzten Wochen einfach die »Decke auf den Kopf gefallen«, weshalb er sich schließlich

Freiräume geschaffen habe. Häufiger sei er später von der Arbeit nach Hause gekommen, weil er noch etwas unternommen habe. Seine Frau hatte deshalb vermutet, dass er eine Geliebte habe, was jedoch nicht zutreffen würde. Die Frage, ob seine Frau schon gedroht hätte, ihn zu verlassen, verneinte Keller. Er gab jedoch an, Daniela habe offenbar ihrer Cousine gegenüber schon geäußert, dass sie weggehen würde, wenn sie keine Kinder hätte. Weiter führte Keller aus, es habe vor einer Woche eine Aussprache im Beisein von zwei guten Freunden gegeben und man habe sich darauf geeinigt, sich wieder zusammenzuraufen.

Die intensive Befragung des Ehemannes durch den Kriminalbeamten förderte also nun plötzlich gewaltige Risse in der Beziehung des einst so glücklichen Paares zutage. Und der Beamte hakte nach. Zwischenzeitlich konnte nämlich von der Mutter der Vermissten in Erfahrung gebracht werden, dass es im Leben des 31-jährigen Friedbert Keller seit kurzer Zeit eine 19-jährige Praktikantin gab, von der Daniela Keller vermutet hatte, sie könnte die Geliebte ihres Mannes sein. Darauf angesprochen, gab Keller an, er verstehe sich mit dieser Praktikantin nur sehr gut, mehr sei da nicht. Allerdings sei ihm die diesbezügliche Eifersucht seiner Frau nicht entgangen. Er hätte Daniela jedoch versichert, kein Verhältnis mit der jungen Frau zu haben und Daniela habe sich mit seiner Erklärung zufrieden gegeben.

Im Anschluss an die Vernehmung des Friedbert Keller wurde endlich, etwa 32 Stunden nach ihrem Verschwinden, offiziell die Fahndung nach der Vermissten eingeleitet. Sie wurde im so genannten INPOL, dem computerverwalteten Fahndungssystem der Polizei auf Bundesebene, ausgeschrieben. Außerdem wurde eine Funkfahndung im regionalen Bereich der Landespolizeidirektion Karlsruhe ausgestrahlt.

Obwohl der in Stoßzeiten oft überbelastete Kriminaldauerdienst mit nur vier Beamten lediglich eine Art kriminalpolizeiliche Feuerwehr darstellt und die Hauptbearbeitung aller Fälle der mittleren und schweren Kriminalität den entsprechenden Fachdezernaten zufällt, wurden von dieser schwachbesetzten Dienststelle in der Folgezeit umfangreiche, weit über das Normalmaß hinausgehende Ermittlungen und Maßnahmen durchgeführt. So überprüfte man noch einmal sämtliche in Frage kommenden Einrichtungen und Institutionen und befragte sämtliche erreichbare Verwandten und Bekannten der Familie Keller. Parallel hierzu wurden die Wohnung und Kellerräume der Familie nach der Vermissten durchsucht. Hierbei konnte festgestellt werden, dass Daniela Keller außer ihrem Schlüsselbund offensichtlich keinerlei persönlichen Gegenstände mitgenommen hatte. Dies fiel jedoch erst dann auf, als man im Keller einen Lattenverschlag öffnen wollte, der mit einem Vorhängeschloss verriegelt war. Keller gab an, sein Schlüssel sei vor einiger Zeit abgebrochen und es existiere nur noch ein Schlüssel, der am Schlüsselbund seiner Frau hänge. Da man von außen trotz der schlechten Beleuchtung sehr leicht feststellen konnte, dass sich in dem Verschlag nur Gerümpel und keinesfalls die Vermisste befindet, wurde auf eine gewaltsame Öffnung des Schlosses verzichtet.

Auch wurden die nähere Umgebung des Wohnhauses sowie der Lieblingsspazierweg von Daniela Keller abgesucht. Jedoch ohne Erfolg, ohne einen Hinweis auf den Verbleib der Vermissten.

Am nächsten Tag, es war Sonntag, der 23. August 1998, wurde Keller nochmals von einem Beamten des Kriminaldauerdienstes vernommen. Der Kriminalkommissar hatte sich zuvor eingehend mit dem Fall befasst und den Eindruck gewonnen, dass mit dem Anzeigeerstatter irgend etwas nicht stimmte. Dieser Eindruck verstärkte sich, als ihm Keller an diesem Tag direkt gegenübersaß. Gepaart mit dem nötigen Fingerspitzengefühl bewies nun der Beamte besonderen Mut. Er sprach Keller nämlich zum ersten Mal konkret darauf an, der Polizei offensichtlich etwas zu verheimlichen, das mit dem Verschwinden seiner Frau zu tun haben könnte. Ein ungeheurer Vorwurf, wenn man bedenkt, dass Kellers Nerven nach drei

Tagen der Ungewissheit blank liegen mussten. Friedbert Keller reagierte jedoch erstaunlich gefasst. Er schwor Stein und Bein, dass er nichts verheimlichen würde und er sich auch nicht vorstellen könne, warum seine Frau so spurlos verschwunden ist. Noch einmal auf ein eventuelles Verhältnis zu der jungen Praktikantin angesprochen, beteuerte er inbrünstig, er sei nur mit ihr befreundet. Außerdem, so gab er an, sei Susanne Leber, so hieß die Frau, ja vor gut einer Woche nach Kanada geflogen, wo sie eine Stelle als Au-pair-Mädchen angenommen habe. Auch hätte er mit seiner Frau noch nie einen richtigen Streit gehabt. Wenn überhaupt, seien es lediglich mal kleine, verbale Auseinandersetzungen gewesen.

Friedbert Keller war bekanntlich Rettungsassistent, also ein Mensch, der für andere Menschen da ist, Schwerstverletzten Hilfe leistet, Leben rettet, indem er mitunter auch sein eigenes einsetzt. Kellers Äußeres entsprach dem eines biederen und anständigen Menschen. Er hatte im wahrsten Sinne des Wortes das Gesicht eines Samariters. Ein Gesicht, das jederzeit bereit schien, notleidenden Menschen größtes Mitgefühl entgegenzubringen. Dieser Mensch konnte offensichtlich keiner Fliege etwas zu Leide tun. Wohltäter, Retter, Helfer, das schien seine von Gott gewollte Vorsehung zu sein.

Dennoch konnte der Kriminalkommissar nicht über seinen Schatten springen. Sein siebter Sinn warnte ihn vor seinem Gegenüber. Intuitiv wagte er es, einen ersten Verdacht gegen den Ehemann in den Raum zu stellen und riskierte dabei, dass sich dieser mit einer faustdicken Beschwerde bei der Polizeipräsidentin revanchierte. Doch ohne sich zu wehren, steckte Keller den deutlichen Vorwurf einfach weg. Dabei blieb es zunächst.

Noch an diesem Tag wurden umfangreiche Suchmaßnahmen in die Wege geleitet. Mit einem Polizeihubschrauber wurde weiträumig das Gebiet um den Wohnort der Vermissten abgesucht. Außerdem durchkämmten Polizeibeamte mit Suchhunden sowie eine Rettungshundestaffel des Deutschen Roten Kreuzes stundenlang Waldstücke, in denen Daniela Keller gelegentlich Spaziergänge gemacht hatte. Auch suchte man eine nahe gelegene Bahnlinie ab. Man fand jedoch nicht die geringste Spur von der Vermissten.

Am Montag, dem 24. August 1998, wurde der Vermisstenfall Keller an die für die Endsachbearbeitung zuständige Dienststelle weitergegeben. Die Akte wurde sogar von zwei Beamten des Kriminaldauerdienstes persönlich überbracht. Örtlich zuständig war für diesen Fall eine Kriminalaußenstelle des Polizeipräsidiums Karlsruhe. In Baden-Württemberg sind Kriminalaußenstellen überall dort eingerichtet, wo es einen größeren ländlichen Bereich zu betreuen gilt. In ihrer Struktur sind Kriminalaußenstellen ähnlich aufgebaut wie eine Hauptstelle. Die einzelnen Sachgebiete sind jedoch nur von drei oder vier Beamten besetzt, während in einem Dezernat der Hauptstelle bis zu 15 Mann tätig sein können. Auf einer Kriminalaußenstelle werden jedoch bis auf wenige Ausnahmen ebenso alle Fälle der mittleren bis schweren Kriminalität bearbeitet.

Als die Überbringer der Vermisstensache gegen 8 Uhr dort eintrafen, war man gerade mitten in der täglichen Frühbesprechung. Der Fall wurde sofort zum Hauptthema gemacht. Es wurde heiß darüber diskutiert, und die Mannschaft spaltete sich bald in zwei Lager. Während der Leiter der Kriminalaußenstelle und einige andere die Meinung vertraten, es handele sich um einen der üblichen Vermisstenfälle, meinten wiederum andere, dass die Sache zum Himmel stinke und hier ein Kapitalverbrechen vorliegen könnte.

Ein Beamter der Dienststelle, der gleichzeitig Angehöriger der Karlsruher Mordkommission war und zu dessen Aufgabengebieten es gehörte, mysteriöse Vermisstenfälle zu bearbeiten, äußerte spontan, dass wohl der Ehemann »seine Alte« umgebracht und beseitigt habe. Obwohl er seine Äußerung anschließend stichhaltig begründete, wurde er nicht in die Ermittlungsarbeit eingebunden.

Schon zu diesem Zeitpunkt berichtete der die Akte übergebende Beamte von einer noch nicht protokollierten Aussage einer Zeugin. Ihr soll die Vermisste erzählt haben, dass sie am Abend des 17. August 1998, also vier Tage vor ihrem Verschwinden, einen »black out« hatte. Zusammen mit ihrem Mann sei sie im Wohnzimmer vor dem Fernseher gesessen, als sie plötzlich das Bewusstsein verloren habe. Stunden später sei sie noch vollständig angekleidet im Schlafzimmer auf ihrem Bett aufgewacht. Ihr Mann hätte angegeben, er habe sie vom Wohnzimmer in das Schlafzimmer getragen, nachdem sie eingeschlafen war.

Der Beamte, der durch jahrelange Arbeit bei der Mordkommission schon mit allen möglichen Tötungsarten konfrontiert worden war, wurde sofort hellhörig, als er das hörte. Wiederum sehr spontan, aber mit voller Überzeugung, rief er vor versammelter Mannschaft aus: »Das war sein erster Mordversuch! Zumindest war es ein erster Test, wie er am besten seine Frau umbringen kann! Ich bin mir sicher, hinter dem ›black out‹ steckt der Ehemann.«

Doch diese Meinung passte nicht so recht in die Vorstellungswelt des Dienststellenleiters und derjenigen, die sich auf seine Seite geschlagen hatten. Sie sträubten sich in den folgenden Tagen mit allen Mitteln gegen die immer wieder aufkeimende These, dass Friedbert Keller seine hochschwangere Frau umgebracht haben könnte. Dementsprechend wurde die Einleitung und Durchführung wichtiger Maßnahmen im Anfangsstadium des Falles versäumt. So zum Beispiel wurde die längst fällige kriminaltechnische Untersuchung der Wohnung der Vermissten immer wieder hinausgezögert, obwohl man bereits von höchster Stelle dazu angehalten worden war.

Nach der mittlerweile vierten Vernehmung des Friedbert Keller und angesichts der Tatsache, dass sich dieser immer mehr in Widersprüche verwickelte, war man immer noch der Auffassung, dass der Mann mit dem Samaritergesicht nie im Leben ein Tatverdächtiger sein könnte. Eine leichtfertige Fehleinschätzung, die beinahe zu fatalen Folgen geführt hätte.

Doch der Reihe nach. Gleich nach der Übernahme des Falles führten Kriminalhauptkommissar Winter und ein ihm zugeteilter Beamter des mittleren Dienstes die weiteren Ermittlungen durch. Zur Unterstützung wurden ihnen noch zwei weitere Beamte zugeteilt. Die Ermittler suchten die Verkehrsbetriebe auf und befragten die Straßenbahnführer, die am 21. August 1998 Dienst hatten. Des Weiteren überprüften sie die Bewegungen auf den Konten der Familie Keller. Diese Bemühungen brachten jedoch keinen Erfolg.

Noch am gleichen Morgen suchten Kriminalhauptkommissar Winter und sein Kollege Friedbert Keller zu Hause auf. Eine Verwandte öffnete die Wohnungstür. Keller saß in der Badewanne und ließ sich auffallend viel Zeit, bis er endlich aus dem Badezimmer kam. Die folgende Vernehmung brachte keine neuen Erkenntnisse. Durch die Meinung seines Vorgesetzten beeinflusst, Friedbert Keller sei ein braver Mitbürger, der seiner hochschwangeren Frau nie und nimmer etwas zu Leide tun könne, hielt sich Kriminalhauptkommissar Winter gegenüber dem Verdächtigen mehr als vornehm zurück. Wollte er sich doch keinesfalls eine Beschwerde von ihm einhandeln, denn dann würde er unweigerlich von zwei Seiten unter Beschuss geraten. So zog man unverrichteter Dinge wieder ab.

Da aber der Vermisstenfall allen Beteiligten unzweifelhaft unter den Nägeln brannte, nachdem es von Daniela Keller auch nach dem fünften Tag ihres Verschwindens keine Spur gab, musste man notgedrungen an der Sache dranbleiben. Dem konnten sich auch die sich immer noch in gutem Glauben wähnenden Beamten der Kriminalaußenstelle nicht entziehen.

So wurde Friedbert Keller am nächsten Tag wieder zu Hause aufgesucht. Er machte einen überraschend ruhigen Eindruck. Gegen eine erste Durchsuchung seiner Wohnung erhob er keine Einwände. Kriminalhauptkommissar Winter hatte allerdings die Order, die Durchsuchung in Anbetracht der großen psychischen Belastung des Ehemannes moderat zu gestalten. So wurde außer einer Einwegspritze und mehreren

Ampullen eines zunächst unbekannten Medikamentes nichts Auffälliges gefunden.

Lediglich im Fahrzeug der Familie, einem Renault Espace, fielen dem Beamten ein feuchtes Handtuch, mehre Unterlagen über Anästhesie, ein scharfes, 26 cm langes Küchenmesser, zwei Sägeblätter und starke Erdantragungen im Bereich des Beifahrersitzes auf.

Keller gab dazu an, er sei am Abend zuvor an einem Baggersee gewesen, wo er sich drei Stunden aufgehalten habe. Da es regnete, habe er sich mit dem Handtuch abgetrocknet. Die Anästhesieunterlagen benötige er zur Weiterbildung in seiner Eigenschaft als Rettungsassistent und die Erdkrümel auf dem Beifahrersitz würden von Blumenerde herrühren, die er vor einigen Tagen gekauft habe. Das Küchenmesser nehme er immer mit zur Arbeit, weil sich dort nur stumpfe Messer befänden. Die Sägeblätter habe er sich irgendwann besorgt und im Auto liegen lassen, wo sie wohl zwischen die Sitze gerutscht seien.

So unglaublich es auch klingen mag, aber selbst jetzt wagten Kriminalhauptkommissar Winter und sein Mitarbeiter nicht, mit Friedbert Keller endlich einmal richtig Tacheles zu reden. Dabei lagen doch neben den soeben festgestellten deutlichen Hinweisen auf eine Bluttat schon bis zu diesem Zeitpunkt noch folgende Fakten zugrunde, die überdeutlich dafür sprachen, dass Friedbert Keller seine Frau umgebracht hatte:

- Erstens: Obwohl seine Frau hochschwanger war, erstattete er erst nach erheblicher Verzögerung und nur deshalb Vermisstenanzeige, weil er von seiner Mutter und seiner Tante dazu gedrängt worden war. Er selbst wollte, nach Aussage der beiden, am Abend des 21. August noch keine Anzeige erstatten. Erfahrene Kriminalisten wissen, dass die überwiegende Mehrzahl aller so genannten »faulen Anzeigen«, egal welcher Art des Deliktes, auf Drängen Dritter erstattet werden. Allein das hätte schon einen Verdacht begründet, der ausgereicht hätte, eine gründliche Wohnungsdurchsuchung durchzuführen.

- Zweitens: Bei seinem ersten Anruf bei der Polizei verschwieg der vermeintlich besorgte Ehemann, die Schwangerschaft seiner Frau und die ehelichen Probleme.

- Drittens: Das Verhältnis zwischen ihm und seiner Frau war in letzter Zeit durch eine angeblich nur freundschaftliche Beziehung zu einer 19-jährigen Praktikantin erheblich gestört.

- Viertens: Nachdem sich Friedbert Keller angeblich zum ersten Mal Gedanken über das Fernbleiben seiner Frau gemacht haben wollte, hatte er sich hingelegt und war eingeschlafen.

- Fünftens: Auch in der ersten Nacht nach dem Verschwinden seiner Frau hatte er offensichtlich eine ruhige Nacht verbracht, was für einen besorgten Ehemann zumindest erstaunlich ist.

- Sechstens: Eine Freundin der Vermissten hatte bei einer ersten Befragung anklingen lassen, dass Daniela Keller vier Tage vor ihrem Verschwinden einen »black out« erlitt, den ein Beamter der Mordkommission als eventuellen ersten Mordversuch gedeutet hatte. Darüber hinaus gab es eine zweite Zeugin, gegenüber der die Vermisste ebenfalls den Vorfall erwähnt hatte.

Diese beiden wichtigen Zeuginnen wurden erst am 29. August 1998, acht Tage nach dem Verschwinden Daniela Kellers, von einem Beamten der inzwischen gebildeten Sonderkommission förmlich vernommen.

Dazu befragt, erinnerte sich Friedbert Keller an den »black out« seiner Frau, konnte aber keine Erklärung dazu abgeben. Er sagte jedoch aus, er habe seine Frau, die vor dem Fernseher eingeschlafen war, ins Bett getragen, weil er ihren Schlaf nicht stören wollte. Auf die Trageweise angesprochen, gab er an, er habe sie an Rücken und Oberschenkeln frei hochgehoben und weggetragen.

Kriminalhauptkommissar Winter und seine Mitstreiter störten sich nicht sonderlich an dieser Aussage, obwohl die hochschwangere Frau Keller ungefähr 95 Kilogramm wog und jedermann weiß, dass es nahezu unmöglich ist, einen so schweren leblosen Körper allein wegzutragen, zumal Friedbert Keller keine besonders kräftige Statur hatte.

Es lag jedoch auf der Hand, dass sich Daniela Keller an diesem Abend in einer tiefen Bewusstlosigkeit befand und nicht merkte, wie sie von ihrem Mann mit dem von Sanitätern hundertmal geübten Rettungsgriff nicht in das Schlafzimmer getragen, sondern geschleift wurde.

Am Morgen des 26. August 1998 wurde Keller wieder vernommen, nun schon zum vierten Mal, ohne dass man ihm konkrete Vorhaltungen machte. Unter anderem erzählte er dabei, er habe am Tag des Verschwindens seiner Frau, etwa um die Mittagszeit in einem großen Kaufhaus einen Fleischwolf gekauft. Es sollte ein Geburtstagsgeschenk für Daniela sein.

Er wurde dabei auch noch weiter zu seiner Beziehung mit der jungen Praktikantin befragt. Dabei stellte sich heraus, dass er mit ihr die ganze Zeit per Telefon und E-Mail intensiven Kontakt hatte. Doch auch das reichte Kriminalhauptkommissar Winter und seinem Vorgesetzten nicht aus, um den Mann endlich einmal richtig in die Mangel zu nehmen.

In diesem Stadium schaltete sich, was sonst unüblich ist, der Leiter der Kriminalpolizei Karlsruhe in die Ermittlungen ein. Dem Kriminaloberrat war das kaum mehr nachvollziehbare Vorgehen der mit dem Fall betrauten Beamten zu Ohren gekommen. Wie schon angeführt, regte er an, die Wohnung der Familie Keller kriminaltechnisch gründlich untersuchen zu lassen. Dies lehnte der Leiter der Kriminalaußenstelle jedoch zunächst mit der Begründung ab, die rechtlichen Voraussetzungen würden nicht vorliegen. Erst als der Dienststellenleiter das ausdrückliche Einverständnis Kellers für die kriminaltechnische Untersuchung eingeholt hatte, gab er für diese längst überfällige Maßnahme grünes Licht.

So begaben sich am Nachmittag des 26. August 1998 mehrere Beamte der Kriminaltechnik in die Wohnung der Familie Keller. Es dauerte nur wenige Minuten, bis sie die ersten Blutantragungen an den Wänden im Bad feststellten. Die weiteren Untersuchungen ergaben kleine und kleinste Blutspritzer an der Badewanne, am Waschbecken, an der Duschabtrennung und im Gäste-WC, die sich bis zu einer Höhe von 1,80 Meter fanden.

Jetzt endlich rang man sich durch, Friedbert Keller zu eröffnen, dass er im Verdacht stehe, seine Frau getötet zu haben. Er wurde nun zum fünften Mal von Kriminalhauptkommissar Winter vernommen.

Zu den Blutantragungen befragt, gab er an, sich mit einem Schraubenzieher verletzt zu haben, als er die Fernbedienung seines Fernsehers reparieren wollte. Die Blutspritzer in 1,80 Meter Höhe könne er sich nicht erklären, ebenso wenig die Häufigkeit.

Klugerweise gab er vor, auch seine Frau habe sich am 19. August 1998 mit einem Messer am Daumen verletzt. Von ihr müssten wohl ein Teil der Blutantragungen stammen.

Als die kriminaltechnische Untersuchung immer mehr Blutspuren, nun auch im Wohnzimmer, zu Tage förderte, gab Keller plötzlich vor, er habe an jenem 19. August zu Übungszwecken seiner Frau mit ihrem Einverständnis aus deren rechten Ellenbogenbeuge zweimal 10 Milliliter Blut entnommen. Eine Spritze sei ihm in der Küche auf den Boden gefallen und zerborsten (obwohl sie aus Kunststoff gewesen sein soll). Die zweite habe er in der Toilette entleert. Bei der Blutentnahme sei seine Frau im Wohnzimmer auf der Couch gelegen, wo wahrscheinlich etwas Blut vertropft worden sei.

Erstaunlicherweise reichten den Ermittlungsbeamten, eine kleine Verwundung am Finger des Friedbert Keller, eine vorgegebene, nicht belegbare Schnittverletzung am Daumen seiner Frau und ein angeblicher Blutentnahmetest, den eine Hochschwangere, wiederum angeblich ganz ohne Bedenken, an sich machen ließ, und bei dem eine aus Kunststoff bestehende Spritze zerbarst, als Erklärung für die unzähligen Blutspuren in der Wohnung aus. Mit der Begründung, seine Angaben seien nicht so widersprüchlich, dass man einen dringenden Tatverdacht ableiten könnte, wurde Friedbert Keller nach seiner Vernehmung entlassen.

Immerhin veranlasste man eine Observation des Tatverdächtigen.

Am selben Abend verließ Keller gegen 21.45 Uhr seine Wohnung und fuhr mit dem Wagen seiner Mutter weg. Zunächst scheinbar ziellos in der Gegend umherfahrend, hielt er gegen 22.50 Uhr in einem Waldstück an. Die Observationskräfte mussten großen Abstand halten, um nicht entdeckt zu werden. So sahen sie nicht, was im Fahrzeug Kellers vorging.

Der Tatverdächtige telefonierte mit mehreren Bekannten und Verwandten, wobei er mehrfach Bemerkungen machte, die darauf schließen ließen, dass er Selbstmord begehen will. Als sich die Lage zuspitzte und die Mutter nun konkret befürchtete, ihr Sohn nehme sich das Leben, informierte sie die Polizei.

Von der Funkleitzentrale über die Lage informiert, stürmten die Observationskräfte auf das Fahrzeug zu, rissen die Türen auf und fanden Friedbert Keller in leblosem Zustand vor. Sein Kopf war nach hinten überstreckt, sein Mund weit geöffnet. Die Augen waren geschlossen. Am Innenspiegel war ein Infusionsbeutel befestigt, dessen Inhalt über einen dünnen Schlauch und eine Kanüle in eine Vene am linken Handrücken floss. In dem Schlauch steckte zudem noch eine leergedrückte Einwegspritze. Auf dem Beifahrersitz lagen mehrere leere Ampullen. Ein Abschiedsbrief wurde nicht gefunden.

Die Beamten erfassten sofort die Situation. Sie entfernten die Kanüle aus der Vene des Bewusstlosen und begannen mit der Reanimation. Vierzehn Minuten später war der Notarztwagen vor Ort. Der Zustand des Suizidanten war stabil. Eine Stunde nach der Einlieferung in das nächste Krankenhaus war er bereits wieder ansprechbar. Wegen erhöhter Suizidgefährdung brachte man ihn unverzüglich in das Psychiatrische Landeskrankenhaus Wiesloch. Dort wurde er stationär untergebracht.

Es wurde festgestellt, dass sich Friedbert Keller intravenös mit dem sehr schnell wirkenden Kurzzeitnarkosemittel Trapanal und mit dem Relaxans Norcuron das Leben nehmen wollte. Letzteres Mittel in hoher Dosis führt eine völlige Erschlaffung der gesamten Muskulatur herbei, was zur Folge hat, dass die Lunge nicht mehr arbeitet und die Person erstickt. Wohlweislich hatte sich Keller die Narkotika in zwei Stufen verabreicht. Dabei ging er so vor, dass er zunächst das Norcuron in den Infusionsbeutel füllte, danach sich die Venüle setzte und anschließend das Trapanal mittels Spritze über ein Zugangsventil am Infusionschlauch hinzugab. So konnte er sicher sein, dass er vor der einsetzenden Wirkung des muskellähmenden Norcuron in eine sanfte Narkose versetzt wird. Allein das Eingreifen der Observationskräfte verhinderte, dass genügend Norcuron in seine Blutbahn gelangte, was den sicheren Tod bedeutet hätte.

Am folgenden Morgen, es war der 27. August 1998, fand unter der Leitung des obersten Kripochefs beim Polizeipräsidium Karlsruhe eine Besprechung statt. Anwesend waren unter anderem sein Stellvertreter sowie zwei äußerst erfahrene Mordkommissionsleiter. Obwohl es der Leiter der Kriminalaußenstelle immer noch nicht wahrhaben wollte, kam man nach relativ kurzer Beratung endlich und folgerichtig zu dem Schluss, dass es sich bei dem Fall Daniela Keller nicht um eine Vermisstensache, sondern definitiv um ein Kapitalverbrechen handelt. Somit wurde nach dem Zuständigkeitserlass die weitere Bearbeitung des Falles vom Dezernat für Kapitalverbrechen übernommen, das von den oben erwähnten Mordkommissionsleitern geführt wurde. Gleichzeitig wurde innerhalb des Dezernates eine Sonderkommission eingerichtet, die nun endlich unter anderen Vorzeichen an die Sache heranging.

In der Folgezeit wurde das Umfeld der Familie Keller noch einmal ausführlich befragt. Es stellte sich heraus, dass Friedbert Keller ein sehr impulsiver Mensch war, der im Kollegenkreis als rechthaberisch und unsympathisch, ja sogar als Sonderling galt. Seine Angehörigen dagegen beschrieben ihn als umgänglich und fürsorglich. So wie es schien, hatte Friedbert Keller zwei Gesichter.

Schon mehr als überfällig, wurden nun endlich auch die beiden Zeuginnen befragt, die aussagten, dass Daniela Keller ihnen erzählt hatte, wie sie am Abend des 17. August vor dem Fernseher sitzend plötzlich bewusstlos wurde und Stunden später vollständig bekleidet in ihrem Bett aufwachte. Sorg- und ahnungslos habe ihnen Daniela in diesem Zusammenhang weiter berichtet, dass ihr Mann an dem Abend seit Wochen mal wieder sehr freundlich zu ihr gewesen sei. Entgegen allen Gepflogenheiten hätte er sie umsorgt und ihr unter anderem ein Glas Apfelsaft gereicht. Die detaillierte Befragung der Zeuginnen ließ nur eine Schlussfolgerung zu: Friedbert Keller hatte am Abend des 17. August die Wirkung des Kurzzeitnarkotikums Trapanal, das er ihr in den Apfelsaft mixte, an seiner Frau getestet. Oder war es vielleicht schon der erste Mordversuch?

Die junge Praktikantin, die sich ja in Kanada befand, war nur über Telefon zu befragen. Sie konnte oder wollte jedoch kaum sachdienliche Angaben machen und stellte in Abrede, mit Friedbert Keller jemals Geschlechtsverkehr gehabt zu haben. Gleichwohl gab sie zu, mehrfach mit ihm per E-Mail oder Telefon in Kontakt gewesen zu sein.

Parallel zu diesen Ermittlungen wurde mit allen zur Verfügung stehenden Mitteln intensiv nach dem Leichnam von Daniela Keller gesucht. Es wurden nochmals Taucher der Wasserschutzpolizei, Hundeführer und Einsatzzüge der Bereitschaftspolizei mit der Suche beauftragt. Feuerwehrleute überprüften alle Sickerschächte des Abwassersystems, die sich in der Nähe des Wohnhauses von Friedbert Keller befanden. Außerdem wurde in der Wohngegend durch Lautsprecherdurchsagen die Bevölkerung in die Suche mit eingebunden. Doch alle Maßnahmen blieben ohne Erfolg. Jedem Mitglied der Sonderkommission war jedoch klar, dass ein Mord ohne Leiche sehr schwer nachzuweisen ist. In der Rechtssprechung findet man nur ganz vereinzelt Fälle, bei denen ein Täter verurteilt werden konnte, ohne die Leiche seines Opfers gefunden zu haben. Friedbert Keller hüllte sich seit seiner Einlieferung in die Psychiatrie in Schweigen.

Am Abend des 31. August 1998 machten dann zwei Spaziergänger am Rhein bei Kilometer 377,7 einen grausigen Fund. Am Ufer sahen sie einen merkwürdigen Gegenstand im Wasser liegen. Sie begaben sich langsam die Böschung hinab. Zunächst dachten sie, es sei ein Puppenkopf. Doch als sie näher kamen, erhielten sie Gewissheit. Es war der Kopf eines Menschen, der Kopf einer Frau.

Die Spaziergänger verständigten sofort die Polizei. Es dauerte keine halbe Stunde, bis der Leiter der Sonderkommission von dem Fund Kenntnis erhalten hatte. Er alarmierte umgehend seine Mitarbeiter und den stellvertretenden Leiter der Kriminalpolizei Karlsruhe. Gemeinsam fuhr man zum Rhein hinaus. Gleichzeitig wurden Beamte der Kriminaltechnik zur Bergung und Sicherung des Kopfes an die Fundstelle beordert.

In dem gewohnt nüchternen Bergungs- und Leichenbericht hieß es: »Leichenfundort ist das östliche Rheinufer auf der Gemarkung Dettenheim in Höhe Rheinkilometer 377,7. Entlang des Rheines befindet sich ein Spazierweg. Zum Fundort führt eine Treppe, die bis zum Wasser reicht. Dort liegt an der mit Wackersteinen befestigten Uferböschung der Kopf einer weiblichen Leiche. Augen und Mund sind geschlossen. Das Haar ist blond, mittellang und am Hinterkopf mit einem lilafarbenen Haarband mit Gummizug zusammengehalten. Im rechten Ohr befindet sich ein goldener Ohrring mit einem tropfenförmigen Anhänger. Der Kopf ist in Höhe der Halsgrube vom Rumpf abgetrennt. Die Wundränder erscheinen glattrandig. Auffällig ist die äußerst blasse, nahezu weiße Gesichtshaut mit beginnenden Verwesungserscheinungen und Ablösen der oberen Gewebeschichten, was auf eine längere Liegezeit im Wasser schließen lässt.«

Nachdem die Fundstelle ohne Erfolg nach weiteren Leichenteilen abgesucht worden war, wurde der Kopf unverzüglich zur Gerichtsmedizin nach Heidelberg gebracht. Bereits zu diesem Zeitpunkt ging man davon aus, dass es sich mit hoher Wahrscheinlichkeit um den Kopf der vermissten Daniela Keller handelte. Aufgrund des eigenen Selbstmordversuches war auch anzunehmen, dass Friedbert Keller seine Frau mit den gleichen Narkotikas umgebracht hatte, mit denen er sich das Leben nehmen wollte.

Bereits am Morgen des 1. September 1998 wurde der abgetrennte Kopf obduziert. Dabei stellte man anhand des Zahnschemas zweifelsfrei die Identität von Daniela Keller fest. Das weitere vorläufige Ergebnis lautete: »Die Abtrennung des Kopfes vom Rumpf erfolgte nicht durch zufällige Fremdeinwirkung, z. B. durch eine Schiffsschraube. Vielmehr ist davon auszugehen, dass die Abtrennung des Gewebes fachmännisch, mittels eines Messers, und die Durchtrennung der Knochen mit einem sägeähnlichen Werkzeug durchgeführt wurden. Die Schädeldecke ist vollkommen intakt. Gewalteinwirkungen, wie Schläge etc. erfolgten offensichtlich nicht.«

Auf Antrag eines engagierten Staatsanwaltes wurde nun endlich gegen Friedbert Keller der längst überfällige Haftbefehl erlassen. Als ihm vor Eröffnung des Haftbefehles die Bilder des aufgefundenen Kopfes seiner Frau vorgelegt wurden, gab er sich auffallend teilnahmslos. Um diesen Eindruck wohl noch zu verstärken, gähnte er sogar dabei. Friedbert Keller wurde von der Psychiatrischen Landesklinik Wiesloch ins Justizvollzugskrankenhaus Hohenasperg verlegt. Dort hüllte er sich zunächst weiter in Schweigen.

Noch am selben und den darauf folgenden Tagen wurden entlang des Rheines und in bestimmten Waldgebieten wieder umfangreiche Suchmaßnahmen mit dem Einsatz von Tauchern, Suchhunden und Hubschraubern durchgeführt. Da Keller am 22. August auf dem Friedhof der Gemeinde bei verdächtigen Handlungen beobachtet worden war, öffnete man alle frischen Gräber und auch das Grab seines schon länger verstorbenen Schwiegervaters, um auszuschließen, dass dort Leichenteile vergraben liegen. Die Hoffnung, dass man durch den außergewöhnlich hohen Einsatz von Suchmaßnahmen weitere Leichenteile oder vielleicht den gesamten Torso finden könnte, zerschlug sich jedoch.

Am 4. September meldete sich dann überraschend der Rechtsanwalt des Tatverdächtigen bei dem zuständigen Staatsanwalt und teilte mit, sein Mandant habe an der Stelle, wo man den Kopf fand, weitere Leichenteile abgelegt. Andere Leichenteile wiederum habe er von einer Rheinbrücke stromabwärts ins Wasser geworfen.

Wieder begann eine nervenaufreibende und aufwendige Suche, die jedoch keinerlei Erfolg brachte. Als der Rechtsanwalt des Tatverdächtigen von den vergeblichen Suchmaßnahmen in Kenntnis gesetzt wurde, teilte er mit, dass sein Mandant in Abstimmung mit ihm so lange keine weiteren Angaben mehr machen würde, bis ihm die Akten vorlägen.

Die erfahrenen Beamten der Sonderkommission ließen aber nicht locker. Sie konzentrierten sich nochmals auf Susanne Leber, weil sie aufgrund eines von Keller in der Psychiatrie verfassten Abschiedsbriefes vermuteten, dass die Praktikantin doch ein engeres Verhältnis mit ihm hatte. Das würde unter Umständen ein plausibles Mordmotiv darstellen.

Nach einigem Hin und Her und nach der Zusage, dass die Kosten für die Tickets von der Staatskasse übernommen würden, brachten sie die junge Frau schließlich dazu, zur Vernehmung nach Deutschland zu kommen. Und dann kam es, wie es kommen musste. Bei einer eingehenden Befragung gab sie zu, ein intimes Verhältnis mit Friedbert Keller unterhalten zu haben. Sie gestand auch, von Keller dazu angehalten worden zu sein, dieses Verhältnis auf keinen Fall der Polizei preiszugeben. Im Detail sagte sie weiter aus:

»Friedbert – zwölf Jahre älter als ich – hat sich während eines Nachtdienstes an mich herangemacht. Erst habe ich auf sein Werben nicht reagiert, schließlich aus Neugier eine Einladung von ihm angenommen und mich ihm auf sein Drängen hin in seinem Fahrzeug hingegeben. Danach trafen und liebten wir uns öfters. Einmal lagen wir die ganze Nacht im Auto und hatten dabei mehrfach Sex. Friedbert wurde immer verrückter nach mir, während meine Liebe nachließ. Ich war mir über meine Gefühle nicht im Klaren, zumal ich immer an Friedberts Frau und das Kind denken musste. Schließlich kam mir die Reise nach Kanada gerade recht, um Abstand zu dieser Affäre zu gewinnen. Kaum in Kanada angekommen, nahm Friedbert auch schon mit mir Kontakt auf. Er schrieb mir glühende E-Mails und schwor mir bei verschiedenen Telefonaten seine Liebe. Ich dagegen wollte das Verhältnis abkühlen lassen, indem ich ihm lediglich von meiner Beschäftigung als Au-pair-Mädchen erzählte.

Tage später teilte er mir mit, dass seine Frau verschwunden sei und er nicht wisse, wo sie abgeblieben sein könnte. Gleichzeitig legte er mir nahe, falls die Polizei mit mir in Kontakt trete, auf keinen Fall zuzugeben, dass wir ein Verhältnis miteinander hatten. Bei weiteren Kontakten beklagte er sich bitter darüber, dass die Polizei ihn verdächtige, an Danielas Verschwinden beteiligt zu sein.«

Am 26. August hinterließ Keller eine Nachricht auf dem Anrufbeantworter von Susanne Leber, aus der hervorging, dass er für das, was er getan hat, allein verantwortlich sei und sie keine Schuld habe. Er ließ auch anklingen, dass er sich das Leben nehmen wolle. Dies war die letzte Nachricht von ihm gewesen.

Susanne Leber übergab der Polizei schließlich die Tonbandkassette des Anrufbeantworters, die ihre Aussage belegte. Nach Abschluss ihrer Befragung war sich der Vernehmungsbeamte sicher, dass die junge Frau in allen Punkten die Wahrheit gesagt hatte. Nun war das Motiv klar. Friedbert Keller hatte befürchtet, dass ihm mit der Abreise und dem einjährigen Aufenthalt der heiß geliebten und blutjungen Praktikantin in

Kanada die »Felle« davon schwimmen würden. Deshalb wollte er seiner Geliebten nachreisen. Doch er war sich auch bewusst, dass ihn die Trennung von seiner Frau finanziell in den Ruin treiben konnte, zumal noch ein zweites Kind unterwegs war. Ohnehin hatte er schon Schulden in beträchtlicher Höhe, die hauptsächlich von einer Fehlinvestition im Zusammenhang mit einer Eigentumswohnung herrührten. Um sein Vorhaben durchzusetzen, fasste er den mörderischen Plan, seine hochschwangere Frau zu beseitigen, bevor sie ihr gemeinsames Kind zur Welt bringen könnte.

Jetzt wurde auch die Tante von Friedbert Keller noch einmal intensiv vernommen. Sie sagte aus, sie und Kellers Mutter hätten ihn dazu drängen müssen, am Morgen des 22. August bei der Kriminalpolizei endlich offiziell Vermisstenanzeige zu erstatten. Auf der Fahrt zum Polizeipräsidium sei er ihren Fragen mehrfach mit verärgertem Unterton ausgewichen, so dass sie letztendlich nicht mehr wagten, weiter zu fragen. Schließlich habe sie es richtig mit der Angst zu tun bekommen, als ihr Neffe bei der Kriminalpolizei angab, wie sich Daniela am Morgen des 21. August von ihm verabschiedet haben soll und was sie dabei angeblich an Kleidung trug. Angst bekam sie deshalb, weil er ihr im krassen Gegensatz dazu am Abend zuvor erzählt hatte, er habe Daniela morgens nicht mehr gesehen, weil er noch schlief. Da ihr dieser Umstand keine Ruhe gelassen habe, hätte sie noch am Abend des 22. August beim Krimnaldauerdienst angerufen und einem Beamten ihre Wahrnehmungen mitgeteilt. Man habe dies zwar zur Kenntnis genommen, sei aber nicht näher darauf eingegangen, auch nicht, als sie zwei Tage später bei der Kriminalaußenstelle befragt wurde. Bereits zu diesem Zeitpunkt habe sie vermutet, dass Friedbert mit dem Verschwinden seiner Frau etwas zu tun haben könnte, was sie auch vorsichtig anklingen ließ. Ihr Verdacht war bereits so stark ausgeprägt gewesen, dass sie sich in der Wohnung ihres Neffen kaum noch traute, irgendwo genau hinzuschauen, weil sie befürchtete, Beweise für die Täterschaft von Friedbert zu entdecken.

Zusammen mit Friedberts Mutter habe sie wegen des Kindes einen Tag und eine Nacht in der Wohnung des Neffen verbracht. Sie habe kaum geschlafen, weil sie ständig Angst hatte, Friedbert könne sie, seine Mutter und das Kind ebenfalls umbringen. Sowohl Friedberts Mutter als auch sie hätten nicht mehr gewagt, in der Wohnung aus einer offenen Flasche etwas zu trinken, da sie befürchteten, dass der Inhalt vergiftet sein könnte. Man habe schließlich nur noch aus dem Wasserhahn getrunken.

Weiter berichtete die Tante, dass man die kleine Tochter Friedberts habe baden wollen. Das Kind habe sich aber entgegen sonstiger Gewohnheit geweigert, in die Badewanne zu steigen. Selbst als die Oma sich in die Badewanne setzte, um das Kind zum Baden zu animieren, weigerte es sich, indem es laut schrie. Das konnte nach dem jetzigen Ermittlungsstand nur den einen Schluss zulassen, dass Keller seine Frau in der Badewanne zerstückelt hatte und das Kind vermutlich hinzugekommen war.

Die Aussage und Andeutungen dieser überaus wertvollen Zeugin waren in dem so wichtigen Anfangsstadium des Falles Keller am 22. und 24. August einfach nicht richtig bewertet und in die Ermittlungen mit einbezogen worden. Man hielt es nicht für notwendig, die Aussagen protokollarisch festzuhalten.

Am 9. Oktober 1998 wurden dann die ersten Ergebnisse der DNA-Untersuchungen vom LKA Stuttgart mitgeteilt. Der Sachverständige sprach von einer überaus prägnanten Häufigkeit von Treffern. Im Einzelnen konnten zahlreiche Blutspuren zweifelsfrei Daniela Keller zugeordnet werden. Sie waren an folgenden Stellen und Gegenständen gesichert worden: auf dem Teppichboden des Pkw, in einer Plastikwanne, die sich im Pkw befand, im Gefrierschrank, an einer Stichsäge und an dem dazugehörenden Sägeblatt, an einer Metallbügelsäge, an Wänden von Bad und WC und im Siphon des Waschbeckens.

In den ersten Tagen seiner Haft wurde Friedbert Keller wegen erhöhter Suizidgefährdung täglich zwischen 18 und 7

Uhr von einem Beamten überwacht, außerdem durch eine sogenannte 5-Punkte-Fixierung daran gehindert, Hand an sich zu legen.

Über seinen Rechtsanwalt signalisierte er schließlich Mitte Oktober 1998, dass er gesprächsbereit wäre. Er ließ der Kriminalpolizei auch Kopien von Briefen zukommen, die er inzwischen geschrieben hatte. Zusammengefasst stellte er in den Briefen und bei der anschließenden Vernehmung den Fall so dar, dass seine Frau mit den Narkosemitteln Trapanal und Norcuron am Abend des 20. August im Wohnzimmer Selbstmord begangen hätte, während er im Schlafzimmer schlief. Als er nachts aufgewacht sei und nach Daniela geschaut habe, sei sie schon tot und nicht mehr reanimierbar gewesen. Die Narkotika habe sie sich per Infusion direkt in die linke Ellenbogenvene geleitet.

Wörtlich führte er aus: »Ich untersuchte Daniela und stellte Folgendes fest: keine zentralen Pulse, keine Atmung, lichtstarre, entrundete Pupillen, Leichenflecken an der Körperunterseite, kalte Haut.

Daniela war tot und nicht mehr reanimierbar. Als ich meine Frau so tot da liegen sah, habe ich Angst bekommen, man könnte mich für ihren Tod zur Verantwortung ziehen. Zuerst wollte ich Daniela ins Schlafzimmer bringen, aber da lag ja unsere Tochter. Deshalb brachte ich die Leiche ins Badezimmer, legte sie in die Wanne und zog den Duschvorhang zu. Danach konnte ich durchatmen – aus den Augen aus dem Sinn – dachte ich. Dann überlegte ich, Daniela aus der Wohnung zu bringen, da ich ja fürchtete, man könnte mich für das, was geschehen ist, verantwortlich machen. Doch alle meine Versuche, sie aus der Badewanne zu heben, scheiterten. Deshalb gab es für mich nur noch eine Möglichkeit: Wenn nicht im Ganzen, sie dann in Teilen aus der Wohnung zu schaffen. Mir graute selbst vor dem Gedanken und ich brauchte eine ganze Weile, um den Plan in die Tat umzusetzen. Nachdem ich den ersten Schnitt, den ich am rechten Oberschenkel durchführte, hinter mir hatte, war alles nur noch eine logische Abfolge der Dinge. Solange ich Daniela nicht ins Gesicht schaute, gelang es mir, nicht daran zu denken, dass es sich um meine Frau handelte.

Ich öffnete die Bauchhöhle und nahm den Uterus mit dem kleinen Felix heraus. Es folgten Arme, Kopf und Torso. Jedes Teil machte ich so klein, dass es in einen Gefrierbeutel passte.« Keller führte dann weitere grausame Details an, wie er die Leichenteile »entsorgte«.

»Danielas Kopf und den Uterus mit dem kleinen Felix brachte ich zuerst auf den Südbalkon, wo ich sie in dem dortigen Blumenkübel vergrub. Ich dachte, so hätte ich sie immer bei mir. Aber dann kam mir der Gedanke, dass man sie dort finden würde. Ich holte sie wieder aus dem Blumenkübel und steckte sie in Plastiktüten. Dann legte ich einen Teil der Tüten in die Gefriertruhe und andere brachte ich in unser Kellerabteil. Da ich aber dann Angst bekam, man würde die Tüten finden, lud ich sie alle in mein Fahrzeug. Danach holte ich meine zweijährige Tochter aus dem Schlafzimmer. Sie wachte nur kurz auf und schlief im Auto gleich weiter.

Zuerst fuhr ich zum Rhein. Dort zog ich mich bis auf die Unterhose aus, nahm Danielas Kopf und den Uterus und ging damit so weit ich konnte ins Wasser. Dann ließ ich die beiden Teile aus den Tüten ins Wasser gleiten. Währenddessen betete ich zu Gott, er möge den beiden einen schönen, guten Platz in seinem Reich geben. Dann begab ich mich wieder zu meinem Auto, trocknete mich mit einem Handtuch ab und kleidete mich an. Anschließend warf ich noch ein paar andere Leichenteile vom Ufer aus ins Wasser. Als ich von weitem Autoscheinwerfer sah, hörte ich damit auf, stieg in mein Fahrzeug und fuhr davon. Ich fuhr auf die Autobahn. Dort drehte ich an der Beifahrerseite das Fenster herunter, fuhr langsam auf den Seitenstreifen und warf einige, wenige Teile aus dem Fenster. Ich bin dann irgendwie auf der Autobahnbrücke gelandet, die bei Speyer über den Rhein führt. Dort hielt ich auf dem Seitenstreifen an und warf den großen Rest von Danielas Leiche ins Wasser. Die leeren Tüten entsorgte ich auf einer Raststätte während der Heimfahrt. Meine Tochter hat die ganze Zeit im Auto geschlafen.«

Zu dem von den Zeuginnen beschriebenen »black out« führte Friedbert Keller folgendes aus: »An diesem Abend waren wir beide so gut gelaunt wie schon seit langem nicht mehr. Gemeinsam saßen wir im Wohnzimmer und schauten fern. Daniela trank Apfelsaft und ich trank Pflaumenwein. Sie fragte mich wohl im Scherz, ob wir etwas zum Einschlafen hätten, da sie in letzter Zeit Schlafstörungen habe. Aus Jux sagte ich, dass ich noch Übungsmedikamente hätte, unter anderen auch Dormicum. Die Übungsmedikamente stammten aus den Rettungsfahrzeugen. Wir sprachen kurz darüber, ob das Medikament Auswirkungen auf die Schwangerschaft haben kann, was wir aber beide verneinten. Dann holte ich für Daniela noch etwas Apfelsaft und gab ein paar Tropfen Dormicum dazu. Nachdem Daniela ihr Glas leer getrunken hatte, schlief sie tatsächlich auch sehr schnell ein. Ich weckte sie wieder auf und wir gingen gemeinsam zu Bett. Daniela wirkte dabei wie beschwipst, schlief aber sofort ein. Nach einiger Zeit wachte sie wieder auf und fragte mich, wie sie ins Bett gekommen sei. Ich antwortete, ich habe sie ins Bett gebracht. Daraufhin rutsche sie zu mir rüber und es kam zum Austausch von Zärtlichkeiten mit anschließendem Geschlechtsverkehr. Danach schliefen wir beide ein. Mir ist bekannt, dass bei Einnahme von Dormicum Erinnerungslücken auftreten können. Vermutlich wusste Daniela deshalb nicht mehr, wie sie ins Bett gekommen ist.«

In seiner Stellungnahme hinsichtlich des Verhältnisses zu Susanne Leber gab Friedbert Keller nun auch zu, mit der Praktikantin mehrfach geschlafen zu haben. Er habe das bei seinen bisherigen Befragungen deswegen in Abrede gestellt, weil er die junge Frau aus der Sache heraushalten wollte und er gewusst habe, dass ihre Eltern sehr konservativ eingestellt seien.

Auf die Frage, wie er es als Ehemann fertiggebracht habe, seine hochschwangere Frau zu zerstückeln, antwortete er: »In meinem Beruf als Rettungsassistent wird man häufig mit dem Tod oder schwersten Verletzungen konfrontiert. Jeder versucht auf seine Weise die Bilder und das Tun zu verarbeiten. Meine Devise lautete, immer Mitgefühl, aber kein Mitleid zeigen, mit dem Patienten fühlen, aber nicht mit ihm leiden. Beim Arbeiten mit Leichen oder Schwerverletzten wurde der Patient immer zur Sache, zum Objekt. So gelang es mir stets, die schlimmsten Bilder zu verdrängen. Bei der Zerstückelung von Danielas Leiche war das auch so. Das Schlimmste war der erste Schnitt. Danach konnte ich, solange ich ihr nicht ins Gesicht sehen musste, den Leichnam als Objekt betrachten.« Erneut schilderte er grausame Einzelheiten seiner Tat.

Bei seiner Vernehmung, die im Beisein seines Rechtsanwaltes Anfang November durchgeführt wurde und sich über zwei Tage hinzog, ließ Friedbert Keller ein erstaunliches Talent erkennen, um das ihn so mancher Schauspieler beneiden würde. Der mit der Endbearbeitung des Falles betraute, sehr akribisch arbeitende Kommissar Hauns hielt in seinem Bericht fest: »Bei seiner Befragung konnte ich zu dem Beschuldigten trotz der Schwere des gegen ihn erhobenen Tatvorwurfes sehr bald einen relativ guten Kontakt aufbauen. Seine Vernehmung wurde auf Tonträger aufgezeichnet und danach für die Akte protokolliert. Das Protokoll kann aber nicht einmal ansatzweise das Verhalten wiedergeben, das Keller bei seiner Befragung an den Tag legte. So zum Beispiel schilderte er schluchzend und in Tränen ausbrechend, wie er seine Frau zerstückelte. Als plötzlich das Band zu Ende war und gedreht werden musste, unterbrach er abrupt seinen durchaus beeindruckenden Gefühlsausbruch. Während dann das Band gewendet wurde, rutschte Friedbert Keller mit einem breiten Grinsen eine scherzhafte Bemerkung heraus. Exakt ab dem Zeitpunkt, als das Band wieder lief, verfiel der Beschuldigte dann wieder in ein herzzerreißendes Schluchzen.«

Kriminalkommissar Hauns wusste natürlich genau, mit welchem Kaliber von Verbrecher er es zu tun hatte. Er ließ sich von der Schauspielerei des Friedbert Keller nicht blenden. Als Keller merkte, dass er mit seiner bis dahin erfolgreichen Masche und mit seinem aufgesetzten Samaritergesicht niemanden mehr hinters Licht führen konnte, blockierten er und sein Anwalt abrupt sämtliche Fragen, deren Antworten ihn wohl als brutalen und eiskalten Mörder überführt hätten. Mit dem bis dahin abgelegten Teilgeständnis hatte Kommissar Hauns jedoch mehr erreicht, als er sich je erhofft hatte. Ein gutes Stück Arbeit war getan. Alles andere war jetzt Sache der Gerichtsmedizin, der Kriminaltechnik und des Gerichts. Das Angebot des Rechtsanwaltes, sein Mandant würde weiter aussagen, wenn die Kriminalpolizei alle Fragen bei ihm vorher schriftlich einreiche, damit er sie mit seinem Mandanten besprechen könne, lehnten der Kriminalbeamte und der zuständige Staatsanwalt ab.

Bis zur öffentlichen Hauptverhandlung, die im Juli 1999 vor dem Landgericht Karlsruhe stattfand, blieb Friedbert Keller bei der Version, seine Frau habe sich mit Narkotikum das Leben genommen und er habe aus Angst, man könnte ihm den Tod seiner Frau anlasten, die Leiche zerstückelt, um sie aus der Wohnung zu schaffen und spurlos entsorgen zu können. Diese, aus dem Hirn eines brutalen Verbrechers geborene, simple und gleichermaßen auch raffinierte Begründung galt es zu widerlegen.

Obwohl in Deutschland Folter und andere Nötigungsmittel zur Erlangung eines Geständnisses seit langer Zeit abgeschafft sind und den Ermittlungsbehörden durch die Strafprozessordnung auf den ersten Blick oft sehr viel mehr die Hände gebunden sind, als es der Gerechtigkeit manchmal dienlich scheint, standen zur Wahrheitsfindung immer noch genügend Mittel zur Verfügung, sofern sie von sachkundigen, engagierten und erfahrenen Polizeibeamten, Staatsanwälten und Richtern in voller Bandbreite ausgenutzt wurden.

Friedbert Keller und seinem Rechtsanwalt saßen in der Hauptverhandlung drei Richter, darunter eine Frau, gegenüber, die schon mehrere Mordprozesse geleitet hatten. Die beiden Schöffen waren ebenfalls Frauen. Den Vorsitz führte ein Richter, der als hart, aber fair und sehr souverän bekannt war. Als Anklagevertreter fungierte jener engagierte Staatsanwalt, der seinerzeit den Haftbefehl gegen Keller beantragt hatte. Er galt in Fachkreisen als überaus tüchtig und scheute kein Risiko, wenn es um brenzlige Entscheidungen ging. Seine Anklage lautete auf Mord in Tateinheit mit Schwangerschaftsabbruch. Diese beiden Tatbestände galt es zu beweisen.

Die Verhandlung war auf zwei Wochen angesetzt. In diesen zwei Wochen kämpften Friedbert Keller und sein Anwalt mit allen ihnen zur Verfügung stehenden Mitteln gegen eine drohende Verurteilung zur lebenslangen Haftstrafe.

Während die Richter und der Staatsanwalt in akribischer Feinarbeit immer wieder die genauen Umstände der Tat von Keller zu erfahren suchten, verlor dieser mehrfach die Fassung. Er setzte ganz auf die Mitleidstour, brach immer wieder schluchzend zusammen, wenn er zum Beispiel davon berichtete, wie sehr er doch, trotz des Verhältnisses zu Susanne Leber, seine Frau, seine kleine Tochter und insbesondere auch den noch ungeborenen, kleinen Felix geliebt habe. Nie hätte er seiner Frau Gewalt antun können, so lange sie noch lebte. Das betonte er immer wieder. Schließlich gelte für ihn als Rettungssanitäter – so erklärte er mit Unschuldsmiene – genauso der hippokratische Eid wie für einen Arzt. Insbesondere als er, immer wieder große Pausen machend und mühsam um Fassung ringend, erzählte, wie er seine Frau zerstückelt und den kleinen Felix aus dem schützenden Bauch der Mutter getrennt, ja geschnitten hatte, wollte er jeden einzelnen Anwesenden in dem bis auf den letzten Platz gefüllten Schwurgerichtssaal des Landgerichts Karlsruhe von seiner Unschuld überzeugen. Meist herrschte in dem großen, nüchtern wirkenden Saal Totenstille, wenn Friedbert Keller mit der gebrochenen, ja fast zarten Stimme eines zutiefst Gepeinigten, oft viel zu leise, in das vor ihm aufgebaute Mikrofon sprach. Nur gelegentlich kam es aus dem Zuschauerraum zu laut hörbaren und eindeutigen Unmutsäußerungen, die der Vorsitzende sofort mit strenger Stimme unterband. Ab und zu ging auch ein Raunen durch die Reihen. Die Reaktion des Publikums benutzte Keller geschickt als Sensor für seine Taktik. Er ging mehrfach bis an die äußerste Grenze seiner Mitleidstour und lotete dann sehr genau aus, wie weit er den Bogen spannen durfte. Kam eine negative Rückmeldung aus dem Publikum oder gar von den Richtern und Schöffinnen, fiel er scheinbar völlig in sich zusammen und schluchzte herzzerreißend, so dass tatsächlich manche Zweifler ins Wanken gerieten.

Der Vorsitzende leitete die Verhandlung überaus geschickt. Er ließ sich dem Anschein nach voll und ganz auf die Spielchen des Angeklagten ein. Aus jahrelanger Erfahrung wusste er, dass nur so eine Chance bestand, Friedbert Keller zu überführen, denn noch immer beharrte der Angeklagte auf der Selbstmordversion. Je mehr Friedbert Keller von den Minuten, den Stunden und den Tagen vor, während und nach der Tat preisgab, je mehr Angriffsfläche bot er für die Anklagevertretung und für eine von den Richtern angestrebte Wahrheitsfindung.

Als Friedbert Keller schließlich merkte, dass er mit der Selbstmordgeschichte nicht mehr durchkam, schwenkte er plötzlich um und gestand reumütig, es habe an dem bewussten Abend mit seiner Frau einen Streit gegeben, in dessen Verlauf es zu einer kleinen Handgreiflichkeit gekommen sei. Dabei habe er Daniela mit der flachen Hand den Mund und möglicherweise auch die Nase zugehalten. Daniela sei rückwärts gestolpert und zu Boden gestürzt. Vermutlich sei sie unglücklich auf den Hinterkopf gefallen. Auch sei er wohl auf sie gefallen. Sie habe sich wahrscheinlich gewehrt, indem sie gegen ihn schlug und trat. Vielleicht habe er sie auch gewürgt, konkret wisse er dies heute nicht mehr. Irgendwann sei Daniela regungslos dagelegen. Dann sei er aufgestanden und auf den Balkon gegangen. Als er wieder ins Wohnzimmer zurückkam, sei seine Frau immer noch dagelegen. Er habe sie untersucht und festgestellt, dass sie nicht mehr atmete, keine Pupillenreaktion und keinen Pulsschlag mehr hatte. Er habe dann sofort mit Wiederbelebungsmaßnahmen begonnen, irgendwann aber damit aufgehört, da sie sinnlos geworden seien. Allmählich sei ihm klar geworden, dass es mit Daniela vorbei war. Dann sei ihm der Gedanke gekommen, er sei an allem Schuld und man könnte ihn für Danielas Tod verantwortlich machen. Schließlich habe er sich entschlossen, die Sache so zu drehen, dass es aussieht, als ob Daniela Selbstmord begangen hätte. Er habe ihr eine Ampulle Trapanal und danach zwei Ampullen Norcuron injiziert. Anschließend sei ihm aber klar geworden, dass bei einer Obduktion festgestellt werden würde, dass die Narkotika wegen des fehlenden Kreislaufes nicht mehr in der Blutbahn weitertransportiert worden seien. Deshalb habe er nach den Injektionen an der Leiche eine intensive Herzdruckmassage vorgenommen, um hierdurch einen Minimalkreislauf aufzubauen und eine Verteilung der Medikamente in der Blutbahn mit dem Ziel zu erreichen, den Selbstmord seiner Frau auch bei einer zu erwartenden Obduktion plausibel erscheinen zu lassen. Dann sei er sich aber doch nicht sicher gewesen, ob der vorgetäuschte Selbstmord nicht auffliegt, weshalb er sich entschloss, die Leiche spurlos verschwinden zu lassen.

Diese Version behielt er bis zu seinem Schlusswort am Ende der Hauptverhandlung bei. Sein Ziel und das des Rechtsanwaltes war es, dem Gericht anstatt eines eiskalt geplanten Mordes aus niedrigen Beweggründen, eine im Affekt begangene Körperverletzung mit Todesfolge oder allenfalls einen Totschlag anzubieten. Für Kommissar Hauns stellte sich die Frage: Würde das Gericht den bequemen Weg gehen und sich auf dieses versteckte Angebot einlassen? Nicht selten kommt es nämlich vor, dass auch bei bedeutenden Strafverfahren mit dem Grundsatz »In dubio pro reo«, im Zweifelsfall für den Angeklagten, allzu großzügig umgegangen wird, um einen unbequemen Revisionsantrag seitens der Verteidigung zu verhindern.

Am Freitag, den 24. Juli 1999, gegen 15 Uhr, war es dann so weit. Fast auf den Tag genau dauerte es elf Monate, bis Friedbert Keller den Urteilsspruch für seine am 20. August 1998 begangene Tat hörte. Auch für eingefleischte Kriminalbeamte ist es immer wieder ein vor Spannung knisternder Augenblick, wenn das hohe Gericht nach seiner Beratung den Saal betritt und der Richter das Urteil verkündet. Bis dieses Mal der Vorsitzende nach endlos scheinenden Sekunden endlich begann, hätte man im Schwurgerichtssaal eine Stecknadel fallen hören können. Schließlich ertönte die sachliche Stimme des Richters aus den Lautsprechern: »Im Namen des Volkes! Der Angeklagte Friedbert Keller aus Villingen wird wegen Mordes in Tateinheit mit Schwangerschaftsabbruch zu einer lebenslangen Freiheitsstrafe verurteilt. Es wird zudem festgestellt, dass die Schuld des Angeklagten besonders schwer wiegt. Der Angeklagte trägt die Kosten des Verfahrens sowie die notwendigen Auslagen.«

Ein lautes Raunen ging durch das Publikum. Die Menschen nickten sich gegenseitig zu und begannen sich in ihrer Zustimmung so zu ereifern, dass der Richter energisch um Ruhe bitten musste.

Friedbert Keller schaute hilflos zu seinem Verteidiger. Dann sank er in sich zusammen, schüttelte nur noch mit dem Kopf. Und diesmal durfte man glauben, dass es keine schauspielerische Glanzleistung von ihm war, denn er wusste längst, was es heißt, wenn vom Gericht die besondere Schwere der Schuld festgestellt wird. Sein Anwalt hatte ihn schon vor der Urteilsverkündung aufgeklärt. 18 bis 20 Jahre Haft und erst danach entscheidet die so genannte Strafvollstreckungskammer über eine etwaige Freilassung des Gefangenen beziehungsweise über die Länge der weiteren Haftzeit. Dieser Entscheidung liegen dann neu erstellte Gutachten und eine gründliche Bewertung der mehr als fraglichen Resozialisierbarkeit eines solch bestialischen Mörders zugrunde.

Das Urteil entsprach in vollem Umfang dem von der Staatsanwaltschaft geforderten Strafmaß. Die Urteilsbegründung, resultierend aus den Befragungen der Zeugen des Angeklagten und der Sachverständigen, umfasste 65 Schreibmaschinenseiten. Darin hieß es unter anderem:

»In den Tagen und Wochen vor der Tat kreisten die Gedanken des Angeklagten fast ausschließlich um seine Geliebte Susanne Leber, die seit dem 14. August 1998 in Kanada weilte. Daniela Keller, seine Frau, war ihm nicht nur gleichgültig geworden, sie stellte sogar nach der Vorstellung des Angeklagten das entscheidende Hindernis für eine Fortsetzung seines Verhältnisses zu Susanne Leber dar. In dieser Situation trug sich Friedbert Keller mit dem Gedanken, sein Frau zu töten und ihren Leichnam spurlos zu beseitigen, um sie als ›Störfaktor‹ bei der von ihm erhofften Aufrechterhaltung seiner Beziehung zu Susanne Leber auszuschalten. Er erwog, Daniela Keller durch die heimliche, orale Verabreichung eines Schlafmittels zu betäuben und ihr anschließend eine tödliche Dosis eines Narkotikums zu injizieren. Um die Möglichkeit der unbemerkten Verabreichung des Schlafmittels sowie seine Dosierung und Wirkung zu testen, mischte er am Abend des 17. August 1998 heimlich eine nicht mehr feststellbare Menge des Medikamentes Dormicum in ein Apfelsaftgetränk, das er anschließend seiner im Wohnzimmer auf der Couch sitzenden Ehefrau anbot. Nachdem diese arglos davon getrunken hatte, fiel sie nach kurzer Zeit in einen tiefen Schlaf. Der Angeklagte verbrachte seine Frau in das Schlafzimmer, wo er sie ins Ehebett legte. Dort erwachte Daniela Keller am darauf folgenden Morgen in völlig bekleidetem Zustand und ohne jede Erinnerung daran, wie sie ins Bett gekommen war.

Der Angeklagte hielt ständig Kontakt zu seiner Geliebten in Kanada. Am 19. August 1998, gegen 23.06 Uhr kam es zum wiederholten Male per Internet zu einem Dialog zwischen dem Angeklagten und seiner Geliebten. Dabei bemühte sich Susanne Leber dem Angeklagten klar zu machen, dass sie ihn zwar möge, aber nicht wirklich liebe. Nach Beendigung des Dialoges schrieb der Angeklagte per E-Mail jedoch einen glühenden Liebesbrief.

Der Gedanke, Susanne Leber endgültig zu verlieren, wurde ihm mehr und mehr unerträglich. In seiner Vorstellung gab es nur eine Möglichkeit, zu ihr zurückzufinden und die Beziehung mit ihr fortzusetzen: Seine Ehefrau musste spurlos verschwinden. Dann würde auch Susanne Leber kein schlechtes Gewissen mehr wegen seiner Frau und dem Kind haben und ganz sicher das Verhältnis mit ihm fortsetzen.

Spätestens am frühen Abend des 20. August 1998 fasste er endgültig den Entschluss, seine hochschwangere Frau zu töten und ihre Leiche zu beseitigen. Etwa gegen 20 Uhr setzte der Angeklagte sein Vorhaben in die Tat um. Er mischte, wie schon drei Tage zuvor, unbemerkt das Schlafmittel Dormicum in ein Getränk und reichte es seiner Ehefrau, die ahnungslos davon trank. Ihr Geschmacksempfinden war durch eine Erkältung vermutlich eingeschränkt, was dem Angeklagten entgegenkam. Daniela Keller schlief alsbald auf der Couch sitzend ein. Nachdem der Angeklagte sicher sein konnte, dass seine Frau in einen tiefen Schlaf gefallen war, injizierte er ihr intravenös, vermutlich in die Ellenbogenvene, eine in ihrer konkreten Dosierung nicht mehr feststellbare Menge des Medikaments Trapanal, das den Wirkstoff Thiopental enthält und als Kurzzeitnarkotikum eingesetzt wird. Es konnte nicht mehr zuverlässig festgestellt werden, ob der Angeklagte seiner Frau eine so hohe Dosis Trapanal injizierte, dass diese bereits zum Tode führte oder ob er, wie bei seinem Suizidversuch, noch das Medikament Norcuron intravenös verabreichte. Norcuron enthält den Wirkstoff Vecuroniumbromid und wird bei ärztlich kontrollierten Narkosen verwendet, um die endotracheale Intubation [Einführen einer Röhre in die Luftröhre zur Zuführung von Sauerstoff] zu erleichtern und die Skelettmuskulatur während eines chirurgischen Eingriffs zu relaxieren.

Wenige Minuten nach Überdosierung der Medikamente trat bei Daniela Keller der Tod durch Atemstillstand ein. Alsbald danach kam es, wie vom Angeklagten gewollt, auch zum Absterben der lebenden und voll ausgebildeten Frucht im Mutterleib.

Der Angeklagte verbrachte sodann unter erheblicher Kraftanstrengung den etwa 95 kg schweren Leichnam seiner Frau in das Badezimmer und legte ihn dort in der Badewanne ab. Danach zerteilte er in den folgenden Stunden die Leiche mit Hilfe einer elektrischen Stichsäge, einer Handmetallsäge und eines scharfen Küchenmessers.

Schließlich entschloss sich der Angeklagte, noch in dieser Nacht sämtliche Leichenteile aus dem Haus zu verbringen und zu entsorgen (wie das geschah, beschrieb er in seinem Geständnis).

Nachdem er die ›Entsorgung‹ erfolgreich abgeschlossen hatte, telefonierte Friedbert Keller, beginnend um 4.30 Uhr, mit seiner Geliebten etwa 50 Minuten lang. Frau Leber machte dabei noch einmal deutlich, dass sie den Angeklagten nicht wirklich liebe und die Beziehung deshalb auch nicht fortsetzen wolle. Der Angeklagte wollte dies jedoch nicht akzeptieren und schwor unter allen Umständen seine Liebe. Danach begab er sich zu Bett und schlief bis in die Vormittagsstunden des 21. August 1998. Noch am Vormittag stellte der Angeklagte vermutlich bei der Beseitigung von Blut- und anderen Spuren fest, dass er im Kellerabteil einige Leichenteile vergessen hatte. Er entschloss sich, diese Leichenteile noch weiter zu zerkleinern, um sie in der Toilette der Wohnung entsorgen zu können. Zur Realisierung dieses Vorhabens kaufte er einen Fleischwolf. Die Zerkleinerung der Leichenstücke erwies sich jedoch mit dem Gerät als zu schwierig, weshalb er sein Vorhaben nicht zu Ende bringen konnte und die Leichenteile in der folgenden Nacht oder an einem der nächsten Tage an einem unbekannten Ort ›entsorgte‹.

Die wenig überzeugende Einlassung des Angeklagten in der Hauptverhandlung zum eigentlichen Tötungsgeschehen (Unfall, Körperverletzung mit Todesfolge, oder Totschlag) ist nach Überzeugung des Schwurgerichts ebenso eine unwahre Schutzbehauptung, wie seine frühere Aussage über einen angeblichen Suizid seiner Ehefrau. Die Angaben des Angeklagten stellen nichts anderes als den untauglichen Versuch dar, eine vorgeblich plausible Erklärung dafür zu liefern, dass bei den rechtsmedizinischen Untersuchungen im Hirn und Muskelgewebe des Kopfes der Leiche seiner Ehefrau Reste des Kurzzeitnarkotikums Trapanal festgestellt worden sind.

Die Überzeugung des Schwurgerichts, dass der Angeklagte seine Ehefrau bewusst und gewollt mit Narkotikum getötet hat, gründet sich auf eine Gesamtwürdigung folgender Fakten:

Aufgrund der Umstände, dass bei der Obduktion im Hirngewebe der Toten noch eine Konzentration von 5 mg/g Hirngewebe der Wirkstoff Thiopental festgestellt werden konnte, obwohl der Kopf schon zehn Tage im Wasser lag, steht fest, dass der Wirkstoff dem Opfer intravenös zugeführt worden sein muss, und zwar zu einem Zeitpunkt, als Daniela Keller noch lebte. Mit der vom Angeklagten abgegebenen Darstellung, den Wirkstoff bei seiner bereits toten Frau durch eine Herzdruckmassage in den Blutkreislauf gebracht zu haben, ist die so hohe Konzentration des Thiopental im Hirngewebe aus rechtsmedizinischer Sicht nicht in Einklang zu bringen.

Die intravenöse Zuführung des Thiopental (Trapanal), als Daniela Keller noch lebte, kann nur durch den Angeklagten erfolgt sein, und zwar in einer Situation, in der Daniela Keller infolge tiefen Schlafes völlig wehrlos war. Somit muss der Angeklagte vorher seiner Ehefrau heimlich und oral ein Schlafmittel verabreicht haben.

Es ist auszuschließen, dass Daniela Keller durch eine andere Art der Tötung als durch eine intravenöse Überdosis von

Trapanal und Norcuron ums Leben gekommen ist, da trotz zehntägiger Liegezeit des Kopfes im Wasser und der hierdurch verursachten raschen Zersetzung des Thiopental immer noch die sehr hohe Konzentration von 5 mg/g Hirngewebe festgestellt werden konnte. Eine so hohe Konzentration ist durch eine orale Verabreichung des Wirkstoffes nicht herbeizuführen.

Die weitere Einlassung des Angeklagten, er habe die intravenöse Injektion bei seiner Ehefrau erst durchgeführt, nachdem diese bereits tot gewesen sei, und er habe durch eine Herzdruckmassage an der Leiche die Verteilung des Wirkstoffes im Körper herbeiführen wollen, um die von ihm beabsichtigte Vortäuschung eines Suizides seiner Frau plausibel erscheinen zu lassen, ist nach dem Ergebnis der Beweisaufnahme eindeutig widerlegt. Grundsätzlich sei es zwar möglich, in den ersten fünf bis maximal zehn Minuten durch eine Herzdruckmassage eine gewisse postmortale Verteilung einer Injektion im Körper zu erreichen, da der Angeklagte jedoch angab, seine Frau sei eine ganze Weile tot dagelegen und er hätte auf ihrer Körperunterseite auch schon Leichenflecken festgestellt, als er nach einiger Zeit vom Balkon ins Wohnzimmer zurückgekehrt sei, muss die postmortale Injektion als unwahre Schutzbehauptung gewertet werden. Aufgrund der Ausbildung von Leichenflecken ist nämlich laut gerichtsmedizinischem Gutachten davon auszugehen, dass die Zehnminutengrenze schon weit überschritten war und die Blutgefäße sich schon so sehr erweitert hatten, dass der erforderliche Druck innerhalb der Gefäße, der zum Transport eines Medikamentes in der Blutbahn und zur Verteilung im Körper, insbesondere im Hirngewebe, notwendig ist, auch durch intensivste Herzdruckmassage nicht mehr aufgebaut werden konnte. Somit steht fest, dass Daniela Keller der Wirkstoff Trapanal intravenös zugeführt worden sein muss, als sie noch lebte.

Die rein theoretische Möglichkeit, dass Daniela Keller sich selbst das Trapanal intravenös injiziert hat, scheidet nach Ansicht der Schwurgerichtskammer sicher aus. Für einen Selbstmord haben sich im Laufe der Beweisaufnahme nicht die geringsten Anhaltspunkte ergeben. Keiner der zahlreichen Zeugen aus dem persönlichen Umfeld der Toten hat diesbezügliche Auffälligkeiten im Verhalten von Daniela Keller beobachten können. Übereinstimmend haben alle Zeugen Frau Keller als lebensfroh und lebensbejahend beschrieben, die ihre Tochter sehr liebte und nie allein gelassen hätte. Ihrer optimistischen Lebenseinstellung entsprechend, sei sie auch davon ausgegangen, dass der Angeklagte nach der Geburt des zweiten Kindes wieder zur Vernunft kommen und sich in ihrer Ehe wieder alles einrenken werde.

Unwahr ist auch die Behauptung des Angeklagten, seine Ehefrau hätte am Abend des 17. August 1998 das Medikament Dormicum freiwillig eingenommen. Es erscheint völlig absurd, dass die hochschwangere und auch noch ihre zweijährige Tochter stillende Frau ein so hochwirksames Schlafmittel eingenommen hat. Mehrere Zeugen haben glaubwürdig ausgesagt, dass Daniela Keller, was die Einnahme jeglicher Medikamente anbelangte, äußerst zurückhaltend und vorsichtig war.

Entscheidend gegen die Version des Angeklagten spricht darüber hinaus, dass Frau Keller gegenüber zwei Zeugen sehr verwundert über ihr black-out-Erlebnis berichtete. Hätte sie tatsächlich freiwillig und nach Absprache mit dem Angeklagten das hochwirksame Schlafmittel Dormicum eingenommen, wäre sie über einen anschließenden black-out sicher nicht so verwundert gewesen. Die Art und Weise, wie Daniela Keller gegenüber Zeugen über das an jenem Abend von ihrem Mann dargereichte Glas Apfelsaft berichtete, lässt nur den einen Schluss zu, dass der Angeklagte ihr mit der völlig ungewohnten Geste heimlich das Dormicum verabreichte. Hierbei kam ihm zugute, dass seine Frau erkältet war und den leicht bitteren Beigeschmack nicht bemerkte.

Bei der Obduktion sind am Schädel des Opfers keinerlei knöcherne Verletzungen oder sonstige Anzeichen für eine

Einwirkung mit stumpfer Gewalt erkennbar gewesen, was eindeutig gegen eine Schlagwirkung oder ein heftiges Aufschlagen des Kopfes nach einem Sturz spricht. Auch konnten an dem noch gut erhaltenen Halsteil keinerlei Würgemale oder Ähnliches festgestellt werden. Gegen einen Erstickungsvorgang, wie er von dem Angeklagten in den Raum gestellt wurde, spricht auch der Umstand, dass in den Augenbindehäuten keine Stauungsblutungen zu sehen waren. Somit müssen auch die Einlassungen des Angeklagten hinsichtlich eines gewalttätigen Streites als unwahre Schutzbehauptung gewertet werden.

Aufgrund der Äußerungen seiner Geliebten, belegt durch deren glaubhafte Aussage und dem zu dieser Zeit erfolgten und im Nachhinein auch sichergestellten E-Mail-Verkehrs, spitzte sich für den Angeklagten am 19. und 20. August 1998 die Lage dramatisch zu. Er konnte und wollte nicht akzeptieren, dass sich Susanne Leber von ihm abwandte. Dazu musste er, so seine Vorstellung, zu ihr nach Kanada reisen, um sie von seiner Liebe zu überzeugen. Daniela Keller, seine Frau, war jedoch das ›Hindernis‹, das aus dem Wege geräumt werden musste. Denn er wusste aus früheren Äußerungen seiner Geliebten, dass diese es nicht akzeptieren würde, wenn er seine hochschwangere Frau und die kleine Tochter verlassen würde. Das konnte Susanne Leber nicht mit ihrem Gewissen vereinbaren. Werde er aber als ›allein erziehender Vater‹, dessen Ehefrau aus unerklärlichen Gründen ›verschwunden‹ sei, zu ihr nach Kanada kommen, so glaubte der Angeklagte, müsste Susanne Leber keine Gewissensbisse mehr haben und sie würden ein glückliches Paar werden.

In dieser Situation entschloss sich der Angeklagte, den bereits vorher gehegten Gedanken, seine Frau zu töten und ihre Leiche anschließend spurlos zu beseitigen, in die Tat umzusetzen.

Ein anderes Motiv, eine andere Begehungsweise dieses von dem Angeklagten verübten schweren Verbrechens, hat die

Schwurgerichtskammer mangels jedweder hierfür in der Beweisaufnahme zutage getretener Anhaltspunkte ausgeschlossen.

Der psychiatrische Sachverständige hat überzeugend dargelegt, dass der Angeklagte keinerlei psychische Erkrankung aufweise. Für eine endogene oder exogene Psychose gab es keine Hinweise. Eine schwere neurotische Fehlhaltung sei ebenfalls nicht feststellbar gewesen. Der Angeklagte besitzt testpsychologisch eine überdurchschnittliche Intelligenz. Im Persönlichkeitsbild des Angeklagten gäbe es zwar Züge eines egozentrischen, narzisstischen und kränkbaren Menschen mit wenig Bindungsvermögen, nicht jedoch eine grobe Deformierung im Sinne einer schweren Persönlichkeitsstörung.

Gegen eine affektbedingte Bewusstseinsstörung spricht vor allem das gezielt nach einem Ausweg suchende, auf Verdeckung der Tat gerichtete Nachtatverhalten des Angeklagten, seine sorgfältig inszenierte Selbstmordmanipulation und dic schließlich erfolgte Leichenzerstückelung und -beseitigung.

Die rechtliche Würdigung der Tat: Der Angeklagte hat tateinheitlich aus niedrigen Beweggründen und heimtückisch einen Menschen getötet sowie eine Schwangerschaft abgebrochen.

Heimtückisch handelte er, weil er die Ahnungslosigkeit seiner Ehefrau bewusst ausnutzte, indem er ihr in einem Apfelsaftgetränk das Schlafmittel Dormicum verabreichte und als sie in einen tiefen Schlaf verfiel, den völlig wehrlosen Zustand ausnutzend, sie mit intravenösen Injektionen von Narkosemitteln tötete.

Die Tötung eines Ehepartners durch den anderen, um ein störendes Lebenshindernis zu beseitigen, steht nach sittlicher Wertung auf tiefster Stufe und ist daher besonders verwerflich.

Der Angeklagte war als strafrechtlich voll verantwortlicher Mörder entsprechend der in § 211 Strafgesetzbuch bestimmten absoluten Strafandrohung zu bestrafen. Das Schwurgericht verhängte daher gegen den Angeklagten die im Gesetz allein vorgesehene lebenslange Freiheitsstrafe.

Schulderschwerend wirkte, dass der Angeklagte die Leiche seiner Ehefrau und Mutter seiner kleinen Tochter auf die grausigste Weise zerstückelte und ›entsorgte‹. Hinzu kommt, dass er tateinheitlich einen Schwangerschaftsabbruch beging, indem er ohne Bedenken durch seine Tat das Absterben der lebenden Frucht, eines gesunden und voll lebensfähigen Fötus, im Mutterleib mit herbeiführte.

Bei Abwägung aller für und gegen den Angeklagten sprechenden Gesichtspunkte kam den schuldsteigernden Umständen ein so hohes Gewicht zu, dass die besondere Schwere der Schuld gemäß § 57a Satz 1, Nr. 2 Strafgesetzbuch zu bejahen war.«

Das Publikum im Gerichtssaal begrüßte das Urteil. Nicht wenige brachten zum Ausdruck, dass dieser Mensch nie mehr auf freien Fuß kommen möge und vor allem dass seine kleine Tochter niemals mit der grausigen, brutalen Vergangenheit ihres Vaters konfrontiert werden würde.

Mord auf der Schafweide

Kriminalhauptkommissar Brandt schüttelte den Kopf. »Wer um Himmels Willen tut so etwas? Welcher Mensch ist zu solch einem bestialischem Mord fähig? War das überhaupt ein Mensch oder war es ein Tier, eine Bestie, ein blutrünstiges Wesen, das keinerlei Achtung vor dem Leben eines anderen hat, das sich vielmehr an Schmerzen und Qualen seines Opfers ergötzt?« Diese Frage sollte den Leiter der Mordkommission und seine 24 Mitarbeiter noch wochenlang beschäftigen.

Am Donnerstag, den 1. Oktober 1987, gingen Herbert Weber und seine Frau Helga mit ihrem Hund weit draußen im Gelände spazieren. Dort waren sie öfters unterwegs. Sie kamen an einer ihnen längst vertrauten, eingezäunten Schafweide vorbei. Das Gatter stand offen. Schafe waren diesmal keine da. Es war genau 18.30 Uhr, als die beiden in einiger Entfernung einen großen Gegenstand auf der Weide liegen sahen. Der Gegenstand kam ihnen irgendwie merkwürdig vor. Er hat da nichts zu suchen, dachten sie. Warum liegt so etwas auf dieser Schafweide, an der sie schon öfters vorbeigegangen waren? Nie hatten sie etwas ähnliches dort liegen sehen. Herbert Weber ging ein Stück zurück, um durch das offenstehende Gatter auf die Weide zu gelangen. Er näherte sich dem Gegenstand und je näher er kam, desto mehr beschlich ihn ein mulmiges Gefühl. Zuerst wollte er es nicht wahrhaben, dass es sich bei dem Gegenstand, der aus der Entfernung so unwirklich ausgesehen und dem er sich jetzt bis auf zehn Meter genähert hatte, um einen Menschen handelte. Es war, als ob ihm jemand den Hals zuschnürte. Langsam und vorsichtig, so als würde er sich auf dünnem Eis bewegen, ging Weber nun langsam auf die am Boden liegende Person zu. Jetzt sah er, dass dieser Mensch tot war. Er musste tot sein, denn nur ein Toter sieht so aus, dachte er.

Auf dem Gesicht der Person, an den Händen und überall auf der Kleidung war Blut. Es handelte sich offensichtlich um eine männliche Leiche, schloss Weber aus der Art der Bekleidung. Durch das viele Blut im Gesicht, hätte man das sonst nicht ohne weiteres erkennen können. Der Tote trug eine Bluejeans, eine Jeansjacke und schwarze Sportschuhe mit weißen Streifen. Ohne ihn zu berühren, ging Herbert Weber zurück zu seiner Frau und berichtete ihr von der grausigen Entdeckung. Er bat sie, sich ins nächstgelegene Dorf zu begeben und von dort die Polizei zu verständigen, während er am Leichenfundort bleiben würde.

15 Minuten später trafen die ersten Streifenwagen ein. Kurze Zeit danach erschienen auch schon Kriminalbeamte vor Ort. Es erfolgte eine erste Untersuchung der Leiche, bei der festgestellt wurde, dass es sich bei dem Toten um einen jungen Mann handelte, der offensichtlich durch unzählige Messerstiche ums Leben gekommen war.

Gemäß Dienstvorschrift wurde der Leiter der Kriminalpolizei Karlsruhe verständigt, der sofort entschied, dass ein Teil der Mordkommission zu alarmieren sei.

Bei Kriminalhauptkommissar Brand, dem damaligen Leiter der Mordkommission, handelte es sich um einen überaus erfahrenen und in dieser Eigenschaft auch erfolgreichen Beamten. Er traf fast zeitgleich mit mehreren Mitgliedern seiner Kommission am Tatort ein. Unmittelbar darauf folgten die Spezialisten der Kriminaltechnik. Inzwischen waren auch der zuständige Oberstaatsanwalt und die Gerichtsmedizin verständigt worden. Der »Apparat« war damit in Gang gesetzt. Die Zahnräder griffen auch schon langsam ineinander. Bis jedoch alles rund lief und die Maschinerie optimal arbeitete, sollte noch einige Zeit vergehen. Sehr von Nachteil war, dass es bald dunkel wurde. Der Tatort musste mit sogenannten Lichtmastwagen der Bereitschaftspolizei ausgeleuchtet werden, um den Kriminaltechnikern und dem Gerichtsmediziner das Arbeiten überhaupt zu ermöglichen.

Schnell stellte sich heraus, dass es sich bei dem Toten um den 19-jährigen Matthias Kramer handelte, der am Abend zuvor seine Freundin, die in Neudorf wohnte, besuchte und sich von ihr gegen 1.30 Uhr verabschiedete. Er wollte auf direktem Wege nach Hause zu dem etwa zwölf Kilometer entfernten Kirrlach fahren, kam dort aber nie an. Sein Fehlen wurde erst morgens von seinen Eltern bemerkt. Nachdem man zuerst die Freundin und danach alle möglichen Bekannten angerufen hatte und keiner über den Verbleib des Sohnes Auskunft geben konnte, fuhr man die Strecke zwischen Neudorf und Kirrlach ab. Zwischen den beiden Dörfern liegen zwei weitere Ortschaften, die man auf der B 36 fahrend nahezu geradlinig durchquert. Als diese Suche keinen Erfolg brachte, verständigte der Vater die Polizei.

Gegen 16.50 Uhr wurde dann der alte, grüne Renault 5 des Matthias Kramer von der Autobahnpolizei auf dem Standstreifen der A 5, Höhe Bruchsal, bei Kilometer 608,5 gefunden. Die Entfernung zwischen Fundort des Pkw und Leichenfundort betrug etwa 18 Kilometer.

Die Fahrertür war nicht verschlossen, der Schlüssel steckte im Zündschloss. Das Innere des Fahrzeuges wirkte sehr unordentlich. Verschiedene Gegenstände und kleinere Papierabfälle lagen verstreut auf den Sitzen und im Fußraum. Darunter befand sich auch die braune Geldbörse des Matthias Kramer, in der sich kein Bargeld mehr befand. Das Fahrzeug war nicht mehr zu starten, da offensichtlich die Batterie zu schwach war, den Anlasser in Gang zu setzen. Außerdem wurde später festgestellt, dass der Tank leer war. Der Pkw wurde durch ein Abschleppunternehmen auf den Sicherstellungsplatz des Polizeipräsidiums gebracht.

Zwei Beamten der Mordkommission stand eine äußerst unangenehme Aufgabe bevor. Sie mussten den Angehörigen die Todesnachricht überbringen. Daran führte kein Weg vorbei. Es gibt niemand, der so etwas gerne macht, zumal anschließend auch noch die Hinterbliebenen hinsichtlich des Verstorbenen befragt werden müssen. Das verlangt absolutes Fingerspitzengefühl. Auch an den hartgesottensten Kriminalbeamten geht es nicht spurlos vorbei, wenn eine Mutter, eine Ehefrau oder Freundin laut weinend zusammenbricht oder ein Vater vor lauter Verzweiflung mit voller Wucht gegen eine Wand schlägt, um den Schmerz des Verlustes mit dem Schmerz an seiner Hand zu betäuben. Doch es gibt keinen körperlichen, keinen physischen Schmerz, der so stark sein kann, den Verlust eines geliebten Menschen, eines Sohnes, eines Ehepartners, diesen ungeheuren und ungleich stärkeren psychischen Schmerz, auch nur einen Moment vergessen zu machen.

Die Beamten hatten Glück. Während die Mutter von Matthias Kramer nach Eröffnung der Todesnachricht weinend aus dem Wohnzimmer rannte und danach nicht mehr ansprechbar war, reagierte der Vater zwar sehr betroffen, aber relativ gefasst. Er gab die ersten wichtigen Auskünfte, um die Ermittlungen im Umfeld seines Sohnes in Gang zu setzen.

Matthias Kramer übte den Beruf des Spenglers aus. Er galt als sehr zuverlässig. Mit seiner Freundin Manuela Roth war er schon seit über drei Jahren zusammen. Die beiden wollten sich in Kürze verloben. Ab und zu hätten die beiden die Diskothek »Sala« in Sinsheim besucht. Gelegentlich seien sie auch nach Karlsruhe ins Kino gegangen. Matthias habe so gut wie kein Alkohol getrunken. Tramper habe er nie mitgenommen, sagte der Vater. Er war aktiv im Ortsverein des DRK tätig. Dort galt er als sehr engagiert.

Zum Inhalt der Geldbörse befragt, gaben Eltern und Freundin übereinstimmend an, Matthias habe lediglich 20 bis 30 DM mitgeführt.

Stefan Händel, sein bester Freund, sagte über Matthias Kramer noch am selben Abend aus, er sei ehrlich, aufgeschlossen und sehr direkt gewesen. Wurde er verbal angegriffen, konnte er sich gut zur Wehr setzen, wobei er gelegentlich auch beleidigend werden konnte. Tätlich sei er jedoch nie geworden. Feinde habe er nicht gehabt. Außer zu Manuela Roth habe der Verstorbene keine weiteren Beziehungen zu Frauen unterhalten.

Die Beamten der Mordkommission hielten sich stundenlang am Leichenfundort auf. Nachdem der Gerichtsmediziner die Untersuchung der Leiche beendet hatte, wurde jeder Grashalm im näheren und weiteren Bereich der Fundstelle akribisch untersucht. Es wurden ein zusammengeknülltes Papiertaschentuch, Kaugummifolie, zwei Päckchen Kaugummi und eine Brille gefunden. Außerdem konnten im Gras Blutspuren auf einer Länge von ca. 70 Meter gesichert werden. In den Taschen des Toten wurden Zigaretten, Feuerzeug und ein Taschentuch gefunden.

Kurz nach Mitternacht stießen zwei Kriminalbeamte auf einen im Gelände abgestellten Wohnwagen, keinen Kilometer vom Tatort entfernt. Sie klopften an die Tür. Nichts rührte sich. Sie klopften wieder, diesmal so energisch, dass der alte Wohnwagen fast auseinander fiel. Dann hörten sie eine Stimme. Unmittelbar darauf wurde die Tür geöffnet. Sie blickten in das ungepflegte, stoppelbärtige und grimmige Gesicht eines etwa 50-jährigen Mannes, dessen Haare wohl schon eine ganze Weile keinen Kamm mehr gesehen hatten. Alkoholgeruch schlug ihnen entgegen. »Was ist denn los?«, brummte der Mann drohend. Die Nerven der beiden Beamten waren zum Zerreißen gespannt. Da sie jeden Augenblick mit einem Messerangriff rechneten, hatten beide ihre Hände an der Dienstwaffe. Es kam jetzt auf jede Bewegung, jede Geste und jedes Wort des Mannes an. Was in solchen Momenten im Kopf eines Polizisten abläuft, wird wohl von Fall zu Fall, von Beamten zu Beamten sehr unterschiedlich sein. Ob ihnen die ganzen Vorschriften über die Eigensicherung bis hin zu dem Gesetz über den Schusswaffengebrauch einfallen, ist stark zu bezweifeln. Vieles läuft bei solchen gefährlichen Situationen instinktiv ab. Ein Großteil des Handlungsablaufes wird aber auch von der jeweiligen Erfahrung des einzelnen Beamten gesteuert.

»Kriminalpolizei Karlsruhe, bitte kommen Sie langsam aus Ihrem Wohnwagen heraus!«, sagte der erste Beamte in bestimmendem, aber noch höflichen Ton. »Was soll ich? Einen Teufel werde ich tun! Polizei? Das kann jeder sagen. Wo haben Sie denn Ihre Uniform?«, antwortete der Mann überlaut und mit einem deutlich gereizten Unterton. »Sie können mich mal!« Bei diesen Worten schlug er die Tür seines Wohnwagens zu. Doch der Mann hatte nicht mit der Reaktion der Beamten gerechnet. Blitzschnell stellte sich ein Fuß in die Tür und ebenso schnell wurde die Tür von außen wieder aufgerissen. Ein kurzes Handgemenge und dem heftig protestierenden Mitbürger waren Handschellen angelegt, so dass er abtransportiert werden konnte. Er wurde zum Polizeipräsidium gebracht, wo die Festnahme innerhalb der Mordkommission sofort Euphorie auslöste. Sollte man dieses Mal tatsächlich das Glück haben, wochenlanger Knochenarbeit zu entgehen?

Sehr bald stellte sich jedoch die Unschuld des Festgenommenen heraus und die Euphorie schlug in Enttäuschung um. Der arbeitslose und in Armut lebende Mann sagte glaubhaft aus, seit etwa drei Wochen in dem Wohnwagen übernachtet zu haben. Diese Schlafgelegenheit sei ihm von einem Bekannten zur Verfügung gestellt worden, nachdem ihm sein Vermieter wegen großer Mietrückstände gekündigt habe.

Am Vorabend, gegen 21.30 Uhr, sei er zu dem Wohnwagen gekommen, um sich schlafen zu legen, gegen 8 Uhr früh wieder aufgestanden. In der Nacht habe er keinerlei verdächtige Wahrnehmungen gemacht, auch keinerlei Stimmen oder Geräusche gehört. Bei der anschließenden Durchsuchung des Wohnwagens und der Untersuchung der schon wochenlang getragenen Kleidung des Mannes wurden keine Blutspur oder ein sonstiger kleiner Hinweis auf eine Täterschaft gefunden. So musste der Mann alsbald wieder auf freien Fuß gesetzt werden.

Am nächsten Tag wurde die Leiche des Matthias Kramer am Gerichtsmedizinischen Institut in Heidelberg obduziert.

Der Körper des Getöteten sah aus, als ob er einem Angriff durch Splitterbomben zum Opfer gefallen wäre. Nachdem der Leichnam vom Blut gesäubert worden war, konnten insgesamt 67 Einstiche festgestellt werden. Am Rücken befanden sich 30 und im Brustbereich 12 Einstiche. Weitere zahlreiche Stichverletzungen wurden an Oberschenkel, Hals und Kopf bemerkt. An der rechten Wange, am Kinn und am linken Halsbereich waren jeweils tief klaffende Schnittwunden zu sehen. Die linke Halsvene war durchtrennt. Im Bereich der linken Wange und des Ohres konnte ein Schuhabdruck erkannt werden. An den Händen befanden sich mehrere Schnittwunden, bei denen es sich um typische Abwehrverletzungen handelte.

Nach Öffnung der Leiche wurden ein Herzstich, drei Herzbeutelstiche, zehn Lungeneinstiche und ein Leberstich lokalisiert.

Die Stichkanäle ließen auf eine einseitig geschliffene Klinge, 15 mm breit, 2 mm dick und etwa 100 mm lang, schließen.

Bereits einen Tag nach Auffinden der Leiche wurde die Mordkommission nun in ihrer vollen Stärke aufgerufen. Die 25 Beamten ermittelten in alle Richtungen. Sämtliche Lokale in der Umgebung wurden aufgesucht und die Inhaber sowie anwesende Gäste unter Vorlage eines Bildes von Matthias Kramer befragt. Gleichzeitig suchten Beamte noch einmal den Tatort sowie den Fundort des Opferfahrzeuges gründlich ab.

Unzählige Verwandte und Bekannte des Opfers wurden befragt. Außerdem erschienen schon am zweiten Tag in Presse und Rundfunk ausführliche Berichte über den Mordfall. Von der Staatsanwaltschaft Karlsruhe wurden für Hinweise, die zur Aufklärung der Tat beitragen, 3.000 DM ausgesetzt. Der Vater des Ermordeten sowie der Vater von Manuela Roth schlossen sich an und setzten Belohnungen von 3.000 DM und 2.000 DM aus.

Ein Zeuge meldete sich und berichtete, dass er am Morgen des 1. Oktober 1987, etwa gegen 4 Uhr mit seinem Lkw auf der Autobahn gefahren sei und den auf dem Standstreifen abgestellten Renault 5 des Mordopfers mit eingeschalteter Warnblinkanlage gesehen habe. Einen Kilometer weiter habe er auf dem Standstreifen zwei junge Männer gehen sehen, die er dem Renault 5 zugeordnet habe.

Die Personenbeschreibung, die der Lkw-Fahrer abgab, stimmte mit den Angaben eines weiteren Zeugen überein, der die gleiche Beobachtung gemacht hatte. Demnach waren die beiden Männer auf dem Standstreifen etwa 18 bis 20 Jahre alt, 170 bis 175 cm groß, schlank und dunkel gekleidet. Möglicherweise hatten sie Leder- oder so genannte Kampfjacken an.

Ein Freund des Ermordeten sagte aus, dass Matthias Kramer gegenüber seinen Mitmenschen immer sehr hilfsbereit gewesen war. Unter anderem habe er es sich zum Prinzip gemacht, dass er jeden Anhalter mitnahm, schon allein auch deshalb, weil er, als er noch kein Fahrzeug hatte, selber als Anhalter unterwegs war. Andere Bekannte, Freunde und vor allem seine Eltern widersprachen dieser Behauptung. Wenn überhaupt, habe der Ermordete nur solche Personen mitgenommen, die er kannte.

Ausnahmslos alle Bezugspersonen, insbesondere die Freundin, schlossen aus, dass Matthias Kramer neben Manuela Roth noch eine andere Freundin hatte. Ebenso schlossen sie homosexuelle Neigungen des Mordopfers völlig aus. Auch über Manuela Roth konnten keinerlei Erkenntnisse gewonnen werden, wonach sie eventuell noch eine andere Liebschaft unterhalten hätte.

Für die Beamten der Mordkommission folgten Tage von äußerst zermürbender und nervenaufreibender Arbeit. In akribischer Feinarbeit untersuchten die Kriminaltechniker sämtliche mit der Mordtat in Verbindung zu bringende Gegenstände auf Fingerabdrücke und andere Spuren.

Im Umkreis von 30 Kilometer wurden alle Taxifahrer nach verdächtigen Personen in der Tatnacht befragt. In zwei nahe gelegenen Bundeswehrkasernen forschten die Beamten nach, ob es irgendwelche Spätheimkehrer gab, die der Torwache aufgefallen waren. Kinos, Gaststätten und andere öffentliche Einrichtungen wurden aufgesucht und die Besitzer sowie anwesende Gäste befragt. In den umliegenden Gemeinden verteilte die Polizei 15.000 Flugblätter.

Mehrfach bat die Polizei die Bevölkerung über Rundfunk und Presse um Mitfahndung nach den Tätern. Danach gingen zahlreiche Hinweise auf tatverdächtige Personen ein. Das Arbeitsaufkommen war enorm, weshalb die Mordkommission auf 30 Beamte aufgestockt wurde. Dennoch musste jeder Einzelne an die Grenze seiner Belastbarkeit gehen. Etwa 300 Personen wurden konkret unter die Lupe genommen. Dabei führten die Beamten 20 Wohnungsdurchsuchungen durch. Sechs tatverdächtige Personen wurden vorläufig festgenommen und nach eingehender Überprüfung wieder auf freien Fuß gesetzt. Insgesamt leisteten die Kriminalbeamten 5500 Arbeitsstunden. Doch es gab keinen Fortschritt. In einer derartigen Situation ist es für einen MOKO-Leiter sehr schwer, die Motivation innerhalb der Mannschaft aufrechtzuerhalten. Hauptkommissar Brand verstand es jedoch immer wieder, das Letzte aus seinen Männern herauszuholen. Meist musste er nur daran erinnern, wie bestialisch Matthias Kramer ums Leben gekommen war und dass irgendwo da draußen seine beiden Mörder herumlaufen, die womöglich schon ihr nächstes Opfer im Visier hatten. Dass es sich bei den beiden unbekannten jungen Männern, die zu Fuß auf dem Standstreifen der A 5 unterwegs waren, um die Mörder handeln musste, daran bestanden kaum noch Zweifel.

Selbstverständlich wurden alle möglichen Spekulationen über Tatmotiv und Tathergang angestellt. Die geringe Beute von höchstens 30 DM und die große Anzahl von Stichen passten nicht zum Muster eines typischen Raubmordes. Auch war der Fall nicht einer üblichen mit Messern ausgetragenen Auseinandersetzung zwischen jungen Burschen zuzuordnen. Je mehr darüber nachgedacht wurde, desto verworrener und unlogischer schienen die Thesen zu werden.

Schließlich wurde nach bestimmten Kriterien ein so genanntes Täterraster erstellt. Alle noch zu überprüfenden Personen, die auch nur im Entferntesten verdächtig erschienen, wurden auf Grundlage dieses Rasters einer eingehenden Überprüfung unterzogen. Ebenso wurden bereits überprüfte Personen sowie alle Straftäter im Umkreis nochmals durch das Raster abgecheckt.

Zudem wurden alle nicht geklärten Fälle aus zurückliegender Zeit, bei denen ein Messer oder sonstige Gewalt eine Rolle spielte, nochmals durchgearbeitet und eventuelle Tatverdächtige daraus mit dem Raster verglichen.

Dabei stießen die Beamten unter anderem auf folgenden Fall:

Am 5. Juli des gleichen Jahres, nachts gegen 1.10 Uhr, wurden Nadja Lohner und ihre Freundin Sabine Bender von einem unbekannten jungen Mann in Waghäusel angesprochen und um Feuer gebeten, als sie gerade in ihr Fahrzeug einsteigen wollten. Der Mann tauchte unvermittelt an der Beifahrerseite auf und gab sich zunächst freundlich und locker. Da beide Frauen Nichtraucher waren, drückte Sabine Bender als Fahrerin auf den Zigarettenanzünder am Armaturenbrett. Die Beifahrertür stand offen. Für Nadja Lohner völlig überraschend, drängte sich der Mann plötzlich ins Fahrzeuginnere, in dem er die junge Frau mit grober Gewalt in Richtung Mittelkonsole schob. Gleichzeitig zückte er ein Messer, das er ihr sofort an den Hals hielt. Als die beiden jungen Frauen das Messer sahen, begannen sie laut und hysterisch zu schreien. Sabine Bender verließ fluchtartig ihr Fahrzeug. Auf der Straße schrie sie so laut, dass nach kürzester Zeit an zwei Häusern die Rollläden hochgezogen wurden. Außerdem näherte sich ein Auto. Daraufhin flüchtete der Täter. Er rannte die Straße hinunter und war an der nächsten Ecke verschwunden.

Sowohl Nadja Lohner als auch Sabine Bender konnten den Täter sehr gut beschreiben. Dennoch verliefen die Ermittlungen zunächst erfolglos.

Als nun der Fall von der Mordkommission wieder aufgerollt und die Personenbeschreibung des Täters mit dem Raster sowie mit allen in Frage kommenden Straftätern der Region verglichen wurde, ergab sich ein gewisser Verdacht auf einen Marco Diemer. Der 20-Jährige war bis zu diesem Zeitpunkt bereits 21-mal wegen verschiedenen Delikten, unter anderem auch wegen Körperverletzung und Raub, polizeilich in Erscheinung getreten.

Bei seiner ersten Vernehmung bestritt er den Überfall auf die jungen Frauen. Zwangsläufig unterwarf er sich einer so genannten Wahlgegenüberstellung, bei der er dann allerdings sowohl von Nadja Lohner als auch Sabine Bender unter fünf Vergleichspersonen eindeutig wiedererkannt wurde. Bei der noch am selben Tag erfolgten Durchsuchung seiner Wohnung wurden mehrere Taschenmesser und Stiletts mit feststehenden Klingen gefunden. Eines davon konnte von den Frauen mit einiger Sicherheit als Tatwaffe identifiziert werden.

Aber Diemer leugnete den Überfall auf die Frauen weiterhin. Allerdings wirkte er dabei nicht sehr überzeugend. So wurde er nun zur ersten, wirklich heißen Spur im Mordfall Matthias Kramer.

Aber hatte er wirklich das furchtbare Verbrechen begangen? Wenn man den jungen Mann so betrachtete, kamen mehr als berechtigte Zweifel auf. So sah keiner aus, der einem jungen, fast gleichaltrigen, unschuldigen Mann 67-mal ein Messer in den Körper rammte und ihm, als er vermutlich immer noch nicht tot war, die linke Halsvene mit einem tiefen Schnitt durchtrennte.

Marco Diemer war etwa 1,80 m groß, sportlich, ja sogar athletisch gebaut. Er trug lange, bis auf die Schultern reichende, blonde Haare. Sein Gesicht wirkte noch etwas jugendlich, dennoch war darin eine gewisse Entschlossenheit zu erkennen, ohne dass es aber brutal erschien. Diemer war ein Typ, der auf Frauen wirkte, die einen gutaussehenden Beschützer bevorzugten. Obwohl erst 20 Jahre alt, war er schon verheiratet und Vater eines kleinen Jungen.

Der Verdächtige blieb hartnäckig und leugnete die Tat. Doch die Beamten der Mordkommission zeigten ebenfalls Ausdauer und ließen nicht locker. Sie nahmen das Umfeld des Tatverdächtigen unter die Lupe. Dabei stellte sich heraus, dass Thomas Schäfer, sein bester Freund, drei Tage nach dem Mord spurlos verschwunden war. Weder seine Eltern noch sein Arbeitgeber wussten, wo sich der 19-Jährige aufhielt. Schäfer war offensichtlich Hals über Kopf aus seiner Wohnung im Elternhaus geflüchtet. Auch er war strafrechtlich schon erheblich vorbelastet. Wie Diemer hatte er Einbruchsdiebstähle, Sachbeschädigungen und Gewaltdelikte, teilweise zusammen mit Diemer, begangen. Beide hielten von Arbeit offensichtlich nicht viel. Sie waren bei verschiedenen Firmen immer nur kurz beschäftigt. Meist wurde ihnen wegen Unpünktlichkeit oder Unzuverlässigkeit gekündigt. Manchmal kamen sie einer Kündigung zuvor und blieben einfach der Arbeit fern. Zum Zeitpunkt des Mordes waren die beiden arbeitslos.

Es waren nun bereits fünf Wochen nach dem Mord vergangen, als Diemer zum dritten Mal vernommen wurde. Dafür setzte man die besten Vernehmungsspezialisten ein, die die Mordkommission zu bieten hatte. Sie bissen jedoch auf Granit. Immer und immer wieder hielten sie dem Tatverdächtigen den Überfall auf die Frauen vor und als die nervliche Spannung auf beiden Seiten den Höhepunkt erreicht hatte, wurde Diemer eröffnet, dass er auch im Verdacht stand, Matthias Kramer getötet zu haben. Dies zeigte Wirkung. Es war wie bei einem angeschlagenen Boxer, der schließlich von einem knallharten Aufwärtshaken getroffen wird. Diemer stolperte, ging in die Knie. Dann bat er um eine Denkpause. Die Vernehmungsbeamten schauten sich gegenseitig an. Sie spürten, ja sie wussten, dass sie kurz vor ihrem Ziel standen. Sollten sie ihn weiter bedrängen? Das hätte gefährlich sein können. Denn dann bestünde die Gefahr, dass der Verdächtige für immer schweigt.

Es vergingen endlose Sekunden der absoluten Stille. Wenn in diesem Moment irgendwo ein Telefon geläutet hätte, wäre alles vorbei gewesen, das wussten die Ermittler.

Plötzlich hallte es in die schon unerträglich gewordene Stille des Raumes: »Holen Sie Papier und Schreiber, ich lege eine Lebensbeichte ab!« Ohne hoch zu schauen, murmelte Diemer diesen Satz vor sich hin. Dann war ein tiefer Seufzer von ihm zu hören. Jetzt schaute er den Beamten direkt in die Augen, begann schlagartig am ganzen Körper zu zittern und presste laut, fast schreiend hervor: »Ja, ich bin der Mörder, ich bin der Mörder, ich war dabei!«

Die anschließende Vernehmung dauerte sechs Stunden und umfasste 22 Schreibmaschinenseiten Protokoll, in dem es u. a. hieß:

»An dem Abend war ich mit dem Thomas Schäfer unterwegs. Wir waren in zwei Kneipen und hatten allerhand Alkohol zu uns genommen. Als das zweite Lokal schloss, wollten wir mit meinem Mofa nach Hause fahren. Das Mofa sprang aber nicht an. Noch während ich versuchte, es in Gang zu setzen, hielt auf der anderen Straßenseite ein Auto an. Der Fahrer bot uns seine Hilfe an. Tommi unterhielt sich mit ihm. Da ich den Motor meines Mofas immer noch nicht starten konnte, nahmen wir das Angebot des Autofahrers an, uns in die übernächste Ortschaft mitzunehmen. Ich nahm auf dem Rücksitz Platz und Tommi setzte sich auf den Beifahrersitz. Wir waren gut drauf. Plötzlich sagte Tommi zu mir: ›Heh Alter, heute bist du mal dran!‹ Zunächst kapierte ich es nicht. Aber dann schaute mich Tommi an und machte eine entsprechende Geste. Jetzt wusste ich, dass ich dem Fahrer mein Messer an den Hals halten sollte. Ohne dass der Fahrer es bemerkte, holte ich mein Messer aus der Gesäßtasche und gab es Tommi. Doch er gab es mir wieder zurück und sagte mit Nachdruck, dass ich dieses Mal an der Reihe sei. Der Fahrer wusste nicht, wovon wir redeten. Ich klappte das Messer auf und hielt es ihm direkt an den Hals. Der Fahrer erschrak und sagte ängstlich, dass wir keinen Scheiß machen sollten, er würde uns überall hinfahren.

Nach zwei, drei Kilometer führte ein Feldweg nach rechts von der Straße ab. Tommi befahl dem Fahrer, in den Feldweg einzubiegen. Auf dem Weg fuhren wir dann etwa 300 Meter bis wir anhielten. Tommi stieg aus dem Auto und begab sich zur Fahrerseite. Ohne dazu besonders aufgefordert worden zu sein, stieg der Fahrer nun auch aus. Auch ich stieg aus und sah, wie Tommi ohne ersichtlichen Grund mit den Fäusten auf den anderen einschlug. Der Mann ging zu Boden und Tommi schlug weiter auf ihn ein. Mehrmals flehte er laut: ›Bitte lasst mich leben, bitte! Ihr könnt alles von mir haben. Lasst mich leben!‹

Tommi hörte mit dem Schlagen auf und der Mann rappelte sich hoch. Er taumelte mir entgegen, kam direkt auf mich zu. Als er unmittelbar vor mir war, holte ich aus und stieß ihm das Messer mit voller Wucht in den Bauch. Der Fahrer sank zu Boden. Er stand jedoch gleich wieder auf und rannte weg. Tommi zögerte etwas, dann rannte er dem Mann hinterher. Ich sah sie in der Dunkelheit davonrennen. Über das, was ich gemacht hatte, war ich irgendwie erstaunt. Ich begriff es auch nicht so recht. Langsam bin ich dann den beiden gefolgt. Wie weit ich gegangen bin, kann ich nicht sagen. Auf einmal habe ich die zwei gesehen. Im Halbdunkel konnte ich erkennen, wie Tommi wieder auf den am Boden liegenden Fahrer einschlug. Ich ging hin. Als mich Tommi sah, forderte er mich auf, ihm mein Messer zu geben. Die ganze Zeit über hatte ich es in der Hand. Ich gab es ihm und Tommi stach wahllos, wild und mit voller Wucht auf den Mann ein. Das Opfer stöhnte laut. Es war kein Schreien, es war nur ein lautes Stöhnen und je öfter Tommi zustach, desto leiser wurde das Stöhnen, bis man nur noch ein Röcheln hören konnte.

Gerade wollte ich mich abwenden, als Tommi zu mir sagte, dass der Mann noch lebe und ich nun weitermachen soll.

Tommi stand auf und drückte mir das Messer in die Hand. ›Mach du weiter, mach ihn alle!‹, befahl er mir. Zwischenzeitlich versuchte das Opfer auf allen vieren wegzukrabbeln. Dabei gab der Mann ganz komische Laute von sich. Ich schubste ihn um, so dass er auf dem Rücken zum Liegen kam. Dann rammte ich ihm mehrfach das Messer in die Brust, wie oft kann ich nicht sagen. Am Griff des Messers spürte ich den Pulsschlag des Mannes, weshalb ich annehme, dass ich sein Herz getroffen hatte. Irgendwann hörte ich Tommi sagen: ›Der ist immer noch nicht tot.‹ Daraufhin bin ich aufgestanden und habe Tommi wieder das Messer in die Hand gedrückt. Der Mann versuchte wieder wegzukriechen. Dabei schrie er auf einmal wie am Spieß. Tommi beugte sich zu ihm hinunter und gab ihm nun den Rest. Ich hörte noch ein seltsames Stöhnen und dachte, jetzt ist es endgültig aus mit ihm. Ohne umzuschauen, ging ich zurück zum Fahrzeug. Ich setzte mich auf den Beifahrersitz. Nach einiger Zeit kam auch Tommi. Er sagte, er habe sich übergeben müssen, weil das Schwein so schnell gerannt sei, dass er kaum nachkam. Dann fuhren wir los. Während der Fahrt sagte ich zu Tommi, dass ich nicht kapiere, was sich da abgespielt hat und er antwortete nur: ›Das war doch cool, oder?‹

Über die Autobahn fuhren wir nach Karlsruhe zum dortigen Hauptbahnhof. In der Toilette wuschen wir uns das Blut von den Händen. Tommis Kleidung war auch voller Blut. Wir hatten allerhand zu tun, bis man das Blut nicht mehr sah. Als ich das Messer mit Wasser abspülte, merkte ich, dass es kaputt war. Die Feder, die die Klinge arretiert, war gebrochen. Ich fragte Tommi, was er mit meinem Messer gemacht habe und er meinte, dass er auch auf den Kopf des Opfers eingestochen, ja regelrecht eingehämmert habe. Davon sei es wohl kaputt gegangen.

Nach dem Verlassen der Toilette wurden wir von einer Zivilstreife kontrolliert. Wir dachten, jetzt ist alles aus, jetzt haben sie uns erwischt! Doch zu diesem Zeitpunkt war der Mord wohl noch nicht bekannt. Die Überprüfung unserer Personalien dauerte nicht all zu lange. Die Bullen ließen uns dann wieder laufen. Draußen vor dem Bahnhof vergrub ich das Messer in einem großen Blumenkübel. Anschließend fuhren wir auf der Autobahn wieder in Richtung Norden. In Höhe von Bruchsal setzte der Motor der Karre aus. Wir stellten sie auf dem Seitenstreifen ab und gingen zu Fuß bis zur Ausfahrt. In der Nähe ist ein Rasthof. Dort gingen wir hin. Wir hatten nun einen Bärenhunger und bestellten uns jeweils ein Zigeunerschnitzel mit Pommes und Salat. Dazu tranken wir einen Spezi.

Nach dem Essen trennten wir uns. Ich fuhr mit einem mir völlig fremden Mann, den ich vor dem Rasthof traf, nach Hause. Dort kam ich gegen 7 Uhr an. Meine Frau und mein Sohn schliefen noch.«

Soweit die zusammengefasste Aussage des Marco Diemer zum Tatgeschehen.

Nach einer Vernehmungspause hakten die Kriminalbeamten nach. Sie wollten nun wissen, ob die beiden noch andere Straftaten verübt hatten. Diemer sang jetzt wie eine Lerche.

Neben mehreren Einbrüchen gab er eine weitere schwere Straftat zu:

»Etwa drei Wochen vor dem Mord haben wir auf die gleiche Art eine Frau überfallen. Wir wollten spätabends per Anhalter nach Karlsruhe fahren. Eine Frau nahm uns in ihrem Auto mit. Sie war etwa 45 Jahre alt, hatte dunkelbraune, gelockte Haare. Ich weiß nur noch, dass sie eine Hose trug. An die übrige Kleidung kann ich mich nicht mehr erinnern. Ich weiß auch nicht mehr genau, wie die Frau sonst noch ausgesehen hat.

Diesmal saß ich auf dem Beifahrersitz. Tommi saß hinter mir. Er hatte mein Messer in der Tasche. Es war dasselbe Messer, mit dem wir Matthias Kramer umbrachten. Wir fuhren erst kurze Zeit, als Tommi der Frau plötzlich das Messer an den Hals hielt. Er sagte zu ihr, sie solle keinen Scheiß machen und in den nächsten Feldweg reinfahren. Die Frau gehorchte. Als wir weit genug von der Straße weg waren, befahl Tommi der

Frau, anzuhalten. Ich stieg dann aus und Tommi nahm vorne Platz. Er sagte zu mir, ich solle das Gelände mal erkunden. Ich entfernte mich einige Meter vom Fahrzeug und ging dann wieder zurück. Jetzt sah ich, dass sich Tommi von der Frau einen blasen ließ. Er hielt ihr immer noch das Messer an den Hals. Ich hörte wie die Frau zu ihm sagte: ›Lass doch deinen Kumpel da draußen stehen. Wir fahren zu mir nach Hause, da ist es gemütlicher.‹ Tommi ging aber nicht darauf ein. Er zog den Schlüssel aus dem Zündschloss, stieg aus und begab sich langsam zur Fahrerseite. Lachend sagte er zu mir: ›Das ist eine geile Braut. Die vernaschen wir jetzt auf der Motorhaube. Zuerst ich, dann du.‹

Doch die Frau drückte blitzschnell die Türverriegelung nach unten. Und bevor Tommi eine der Türen wieder aufschließen konnte, startete sie das Fahrzeug und fuhr weg. Offensichtlich hatte sie für solche Fälle irgendwo einen Reserveschlüssel versteckt.

Tommi fluchte und schrie hinterher: ›Hätte ich die Hure doch gleich kalt gemacht!‹

Wir hatten eine Stinkwut auf die Alte. Als ich später mein Messer genauer anschaute, sah ich Blut und Haare daran haften. Offensichtlich hatte Tommi die Frau auch verletzt.«

Die von Marco Diemer geschilderte Tat konnte zeitlich auf den 6. September 1987 festgelegt werden, da die beiden Täter nachweisbar nur eine Stunde vor dem Überfall auf die Frau in ein Vereinsheim eingebrochen waren. Doch wie es bei Sexualdelikten oft der Fall ist, zeigte die Frau den Vorfall nicht an, weil sie sich vermutlich schämte und sich wohl selbst eine gewisse Mitschuld gab. Ihr Verhalten war in gewisser Hinsicht verständlich, wenn man sich in ihre Lage versetzt. Es hätte sicherlich große Überwindung gekostet, zur Polizei zu gehen und zu sagen, dass sie zwei junge Anhalter mitgenommen hatte, die sie während der Fahrt plötzlich mit einem Messer bedrohten und dass sie, um ihr Leben zu retten, bei einem der Männer mehr oder weniger freiwillig Mundverkehr ausübte, ihm sogar anbot, ihn mit nach Hause zu nehmen.

Doch die Anzeige dieser Frau hätte unter Umständen den Mord an Matthias Kramer verhindern können. Eventuell hätte es auch ausgereicht, in der Presse über den Fall zu berichten und auf die Täter einen gewissen Fahndungsdruck auszuüben. Täter, die auf diese Weise Erfolge verzeichnen und keinerlei Ermittlungs- oder Fahndungsdruck zu spüren bekommen, machen in aller Regel weiter. Der Mehrzahl so genannter Verdeckungsmorde im Sexualbereich gehen schwere Verbrechen des Täters in der gleichen Deliktart voraus.

Der betreffenden Frau muss allerdings bescheinigt werden, dass sie, sicher instinktiv, das in dieser Situation einzig Richtige machte, als sie widerstandslos, ja sogar mit dem Anschein, es mache ihr Spaß, bei Thomas Schäfer den Mundverkehr ausübte. Zweifellos rettete sie damit ihr Leben. Bei der geringsten Gegenwehr, das muss sie wohl gespürt haben, wäre es ihr genau so ergangen, wie Matthias Kramer drei Wochen später.

Trotz intensiver Ermittlungen konnte die Frau nicht ausfindig gemacht werden. Vielleicht war es auch gut so. Man kann sich vorstellen, wie demütigend es für sie gewesen wäre und was sie noch einmal durchgemacht hätte, wenn sie im Zeugenstand die Einzelheiten der Tat hätte schildern müssen.

Nach der Festnahme und dem Geständnis des Marco Diemer wurde die Fahndung nach Thomas Schäfer eingeleitet. 30 Beamte der Mordkommission setzten alles daran, den gefährlichen Mörder baldmöglichst zu fassen. Telefondrähte liefen heiß. Innerhalb kürzester Zeit wurde das Umfeld des Gesuchten abgecheckt.

Bereits einen Tag später stießen die Beamten auf die Spur des Verbrechers. Thomas Schäfer hatte sich einer Drückerkolonne angeschlossen, also einer Werbegruppe, die im ganzen Bundesgebiet tätig war und an der Haustür den Leuten Verträge für die Abnahme von Zeitschriften und anderen Dingen andrehen wollte. Die Gruppen setzen sich nicht selten aus Straftätern und anderen lichtscheuen Gestalten zusammen, die mit kriminellen Tricks ihr Handwerk ausüben. Opfer sind meist ältere Leute, die oft regelrecht zu einer Unterschrift gezwungen werden.

Sehr schnell stellte sich heraus, dass Schäfers Gruppe momentan in Gütersloh eingesetzt war. Der Rest war Routinearbeit. Thomas Schäfer wurde am Abend des 4. November in einem Gütersloher Hotel festgenommen. Wie nicht anders zu erwarten war, bestritt er zunächst den Mord.

Noch in derselben Nacht machten sich drei Beamte der Mordkommission auf den Weg nach Gütersloh, um den Festgenommenen nach Karlsruhe zu verbringen.

Anfänglich noch hartnäckig leugnend, legte er schließlich auf der langen Fahrt doch sehr bald ein Geständnis ab. Er bestätigte in weiten Teilen die Angaben Diemers. Dabei zeigte der 19-Jährige keinerlei Emotionen oder Reue. Unter anderem gab er an, dass der Mord ihm keinerlei Gewissensbisse bereitet habe.

Wie in solchen Fällen üblich, belastete er seinen Mittäter. Ähnlich wie es Marco Diemer zuvor in gegenteiliger Weise auch getan hatte, sagte Schäfer aus, Diemer habe dem Opfer die letzten und damit endgültig tödlichen Stiche beigebracht. Wörtlich sagte er: »Der Fahrer lag regungslos auf dem Boden. Doch plötzlich ging das Stöhnen wieder los. Ich stand auf und sagte zu Marco: ›Der ist immer noch nicht ruhig.‹ Dann gab ich Marco das Messer. Mir war von der Verfolgung des Mannes ganz schlecht geworden, weil ich zuvor Nudelsalat gegessen hatte. Mit vollem Magen sollte man nicht rennen. Wegen dem Blut und wegen den Stichen ist mir bestimmt nicht übel geworden, das machte mir nichts aus.

Ich entfernte mich etwas von den beiden und sah dann, wie der Marco wieder auf das Opfer einstach. Auch sah ich, dass er ihm schließlich den Hals durchschnitt. Danach stand er auf und wir gingen zusammen zum Fahrzeug. Kurz davor musste ich mich übergeben.«

Kriminalhauptkommissar Brandt, der als Leiter der Mordkommission schon mit vielen grausamen Verbrechen zu tun hatte, war trotz des Ermittlungserfolges die Betroffenheit über den furchtbaren Tod des jungen, hilfsbereiten und hoffnungsfrohen Matthias Kramer und die Kaltblütigkeit der ebenso jungen Täter ins Gesicht geschrieben. Besonders schlimm fand er es, dass dieser Mord so vollkommen sinnlos schien. Trotz eingehender Befragung der Täter war kein richtiges Motiv erkennbar. Marco Diemer konnte nicht sagen, weshalb er dem Opfer den ersten Stich versetzte und Thomas Schäfer konnte ebenso wenig plausibel erklären, weshalb er Matthias Kramer sofort schlug, als dieser aus dem Auto stieg und weshalb er später unzählige Male auf das stöhnende und wimmernde Opfer einstach.

Da beide Täter zum Zeitpunkt der Tat unter 21 Jahre alt waren, musste die Hauptverhandlung vor der Jugendstrafkammer des Landgerichtes Karlsruhe stattfinden. Sie war auf vier Tage angesetzt. Vor dem Gerichtssaal wurde eine strenge Einlasskontrolle durchgeführt, da vom Vater des Mordopfers Drohungen gegen die Täter ausgesprochen worden waren.

Der Zuschauerraum war an allen Tagen bis auf den letzten Platz gefüllt. Als die beiden Angeklagten am zweiten Tag nacheinander in allen Details den Tatablauf schilderten, machte sich blankes Entsetzen unter den Zuschauern breit. Das änderte sich auch nicht, als Marco Diemer zeitweise in Tränen ausbrach. Thomas Schäfer gab sich nach wie vor erschreckend emotionslos. Nochmals nach dem Mordmotiv befragt, sagten beide aus, dass sie Matthias Kramer nicht wegen des Geldes umgebracht haben. »Er hatte ja nur etwas mehr als 10 DM dabei«, gab Thomas Schäfer an.

»Ich weiß einfach nicht, warum ich zugestochen habe«, meinte Marco Diemer. Ähnlich äußerte sich Thomas Schäfer. Beide hatten auch keine Vorstellung davon, wie oft sie zugestochen hatten. »Der sollte einfach ruhig sein«, sagte Thomas Schäfer lapidar.

Zwei psychiatrische Gutachter kamen während des vierten Verhandlungstages zu völlig unterschiedlichen Beurteilungen der beiden Mörder. Der eine sprach sich eindeutig dafür aus, dass für die Angeklagten das Jugendstrafrecht anzuwenden sei und der andere plädierte für das Erwachsenenstrafrecht. Die Höchststrafe für Mord liegt nach dem Jugendstrafrecht bei 10 Jahren Gefängnis und im allgemeinen Strafrecht (für Erwachsene) bei lebenslänglich.

In seinem Plädoyer wies der Staatsanwalt noch einmal eindringlich darauf hin, dass die Täter aus reiner Mordlust und in einem regelrechten Blutrausch handelten. Dem Opfer seien lang andauernde Qualen und Schmerzen zugefügt worden.

Der Staatsanwalt beantragte für Marco Diemer im Rahmen des Jugendstrafrechtes schließlich die Höchststrafe und hinsichtlich des jüngeren, aber reifer erscheinenden Thomas Schäfer, der offensichtlich keinerlei Gewissensbisse zeigte, versuchte er das Gericht davon überzeugen, für den 19-Jährigen das Erwachsenenstrafrecht anzuwenden. Allerdings war der Vertreter der Anklage der Auffassung, dass unter Einbeziehung einer defizitären Entwicklung des Täters eine Freiheitsstrafe von 13 Jahren angebracht wäre.

Nach sechs Verhandlungstagen, vier waren zunächst anberaumt worden, fällte die Kammer die Urteile:

Sowohl Marco Diemer als auch Thomas Schäfer wurden nach dem Jugendstrafrecht abgeurteilt. Beide erhielten die Höchststrafe von 10 Jahren.

In seiner einstündigen Urteilsbegründung führte der Vorsitzende unter anderem aus, der Mord sei so furchtbar und an Sinnlosigkeit nicht mehr zu übertreffen, dass man sich fragen müsse, wie Menschen anderen etwas Derartiges antun können.

Weiter führte der Vorsitzende aus, sei es völlig klar gewesen, dass die Höchststrafe zu verhängen war. Er könne es keinem verübeln, die beiden Mörder lebenslänglich verwahrt sehen zu wollen. Die Frage war aber, ob eine solche Strafe nach der bestehenden Rechtsprechung vor weiteren Instanzen standhalten würde. Maßgeblich für die Anwendung des Jugendstrafrechtes sei gewesen, dass man nicht mit der erforderlichen

Sicherheit zu dem Schluss kommen konnte, die beiden Täter seien zur Tatzeit in ihrer psychischen Entwicklung auf dem Stand eines Erwachsenen gewesen.

Marco Diemer und Thomas Schäfer nahmen das Urteil regungslos und scheinbar unbewegt hin. Auch das Publikum, das in den Vortagen mehrfach laut nach der Todesstrafe gerufen hatte, blieb erstaunlicherweise ruhig.

Erpresserischer Menschenraub (Kidnapping)

Es gibt Straftaten, die eine extrem hohe Öffentlichkeitswirkung haben. Zu solchen Verbrechen, an denen unter Umständen eine ganze Nation Anteil nimmt, gehört der erpresserische Menschenraub, insbesondere dann, wenn es sich bei dem entführten Opfer um ein Kind handelt.

Leider ist es oft so, dass sich rücksichtslose und brutale Straftäter gerade Kinder als Opfer aussuchen, weil sie bei ihnen die geringste Gegenwehr zu erwarten haben.

Eine weithin bekannte Straftat dieser Art war die Entführung des Lindbergh-Babys, die weltweite Beachtung erlangte.

Hier ein kurzer Abriss des Falles: Am 20. Mai 1927 flog Charles Lindbergh mit einer kleinen einmotorigen Maschine als Erster über den Atlantik. Das machte ihn zu einem der bekanntesten Männer seiner Zeit. Fünf Jahre später, am 1. März 1932, wurde sein 20 Monate alter Sohn aus dem Kinderzimmer entführt. Nach mehreren Lösegeldforderungen wurde dem Entführer am 2. April 1932 die damals horrende Summe von 50 000 US Dollar bezahlt, doch das entführte Kind blieb nach wie vor verschwunden. Erst sechs Wochen später wurde es tot aufgefunden, und die Ungewissheit hatte ein Ende. Im Laufe der polizeilichen Untersuchungen beging eine Hausangestellte der Lindberghs Selbstmord, obwohl sie mit der Entführung des Kindes nichts zu tun hatte. Somit hatte der Täter gleich zwei Menschen auf dem Gewissen. Zwei Jahre danach wurde Bruno Richard Hauptmann als Verdächtiger verhaftet und wiederum zwei Jahre später durch den Strang hingerichtet. Die Geschichte des Lindbergh-Babys diente auf der ganzen Welt als Grundlage für unzählige Filme und Romane.

Für die Verfolgung und Sanktionierung des erpresserischen Menschenraubes wurde in das Strafgesetzbuch der Bundesrepublik Deutschland der Paragraph 239a aufgenommen, in dem es heißt:

Wer einen Menschen entführt oder sich eines Menschen bemächtigt, um die Sorge des Opfers um sein Wohl oder die Sorge eines Dritten um das Wohl des Opfers zu einer Erpressung (§ 253) auszunutzen, oder wer die von ihm durch eine solche Handlung geschaffene Lage eines Menschen zu einer solchen Erpressung ausnutzt, wird mit Freiheitsstrafe nicht unter fünf Jahren bestraft.

In Absatz 3 heißt es weiter: Verursacht der Täter durch die Tat wenigstens leichtfertig den Tod des Opfers, so ist die Strafe lebenslange Freiheitsstrafe oder Freiheitsstrafe nicht unter zehn Jahren.

Aus polizeilicher Sicht gibt es kaum ein vergleichbares und so hoch eingestuftes sensibles Ereignis wie das plötzliche Verschwinden eines Kindes. Wenn sich dann noch sehr bald herausstellt, dass sich das Kind nicht nur verlaufen hat oder sich wegen schlechter Noten nicht nach Hause traut, sondern mit hoher Wahrscheinlichkeit tatsächlich Opfer einer Straftat geworden ist, werden alle, aber auch wirklich alle polizeilichen Möglichkeiten ausgeschöpft, dieses Kind baldmöglichst zu finden. Innerhalb kürzester Zeit wird eine große Sonderkommission mit verschiedenen spezifischen Organisationseinheiten gebildet, die ausschließlich nur diesen einen Fall bearbeitet und die von allen sonstigen polizeilichen Aufgaben befreit ist. Reicht die personelle Kapazität eines Polizeipräsidiums nicht aus, wird kurzerhand von anderen Präsidien oder Direktionen Personal abgezogen und der Sonderkommission zugeordnet. Die Durchführung der Ermittlungen mit allen nur denkbaren kriminaltaktischen und -technischen Einsatzmitteln genießt absolute Priorität. Und gerade wenn es um ein Kind geht, ist jedes Mitglied einer solchen SOKO bis in die Haarspitzen motiviert. Nicht selten kommt es vor, dass rund um die Uhr gearbeitet wird, dass Freizeit und damit sämtliche private Interessen der eingesetzten Beamten überhaupt keinen Raum mehr haben. Doch kaum einer beklagt sich, solange es auch nur noch einen Funken Hoffnung gibt, das Kind lebend zu finden, um es in den Schoß seiner Familie zurückzubringen.

Allein die Polizeiakten des folgenden Falles umfassen 21 prallgefüllte Ordner von jeweils 200 bis 250 meist engzeilig beschriebenen DIN-A4-Seiten, ein Beleg für die umfangreiche Ermittlungsarbeit.

Melanie Kunz war elf Jahre alt. Sie sah jedoch eher wie eine 14- oder 15-Jährige aus. Nicht nur weil sie schon 1,60 Meter groß war, sondern auch wegen ihrer schon reiferen Gesamterscheinung. Ihr braunes, langes, bis weit über die Schultern reichendes Haar trug sie offen. Sie war ein eher stilles Kind und der exakt geschnittene Pony verlieh dem Mädchen dazu noch einen etwas ernsten Ausdruck. Ihre blauen Augen waren zwar immer noch die Augen eines Kindes, sie schauten aber manchmal schon sehr wissend in die Welt. Sah man Melanie nicht gerade im Kreise ihrer meist viel kleineren Mitschülerinnen, war sie sicher ein unauffälliges Mädchen.

Sie stammte aus einem so genannten guten Hause. Ihr Vater war Inhaber eines mittelständischen, metallverarbeitenden Betriebes, den er von Melanies Großvater übernommen hatte. In der Firma waren etwa 150 Menschen beschäftigt. Mit einem Jahresumsatz von 42 Millionen DM stand sie auf soliden Beinen und behauptete sich schon seit Jahrzehnten erfolgreich auf dem Markt.

Den hart erarbeiteten Wohlstand trug niemand der Familie Kunz zur Schau. Sie wohnten in einem zweistöckigen, bieder wirkenden Wohnhaus zur Miete, das sich unauffällig in die in einer Seitenstraße stehenden anderen Häuser des etwa 5 000 Bewohner zählenden Ortes einreihte. In Kürze wollte Jürgen Kunz für seine Familie ein neues schönes Haus am Ortsrand bauen. Den Bauplatz hatte er schon gekauft.

Vielleicht gerade weil sie sich von Normalbürgern kaum unterschieden, war Familie Kunz in der Gemeinde und insbesondere als Arbeitgeber hoch angesehen.

Am Montag, den 3. November 1980, um 5.30 Uhr kam Melanie ganz außer sich vor Furcht in das elterliche Schlafzimmer und stammelte etwas von Einbrechern und dass sie draußen etwas gehört habe. Die Mutter beruhigte das Kind und Melanie begab sich wieder zu Bett.

Beim Frühstück erzählte sie dann ihrer Mutter, dass sie einen schlimmen Traum gehabt habe und dass sie auch draußen etwas gehört hätte. Anita Kunz erklärte ihrer Tochter, auch schon solche Träume gehabt zu haben, um ihr die Angst zu nehmen. Bestimmt würde das Kind den Traum bald vergessen haben.

Wie gewohnt, aß Melanie zwei Schnitten Schrotbrot mit Marmelade. Dazu trank sie noch eine Tasse heißen Kakao. Als sie mit dem Frühstück fertig war, kam sie noch einmal auf ihren Traum zu sprechen. Die Mutter beruhigte sie abermals. Der Traum war jedoch eine dunkle Vorahnung Melanies, wie sich später herausstellen sollte.

Mit einer blauen Kapuzenjacke und einer kleinkarierten, schwarz-roten Hose bekleidet, den olivgrünen Schulranzen auf dem Rücken und einem kleinen Bastkoffer in der rechten Hand verließ Melanie an diesem Tag gegen 6.50 Uhr ihr Elternhaus, um zur etwa 250 Meter entfernten Bushaltestelle zu gehen. Um 7.03 Uhr fuhr der Bus nach Karlsruhe, wo sie seit zwei Jahren ein Gymnasium besuchte.

Unter der Haustür wurde sie von ihrer Mutter mit einem Kuss und mit den Worten: »Tschüss mein Kleines, und pass mir in der Schule ja gut auf«, verabschiedet. Wie jeden Morgen schaute ihr die Mutter noch ein kurzes Stück nach. Dann war Melanie auch schon um die Ecke. Es war noch dunkel, aber die Straßen waren gut beleuchtet. Zunächst musste das Mädchen etwa 60 Meter auf dem Gehweg der kaum belebten Seitenstraße zurücklegen bis es an die zu dieser Zeit sehr stark befahrenen Bundesstraße 3 kam. Die Bushaltestelle befindet sich in der Ortsmitte. Von dort sind es bis nach Karlsruhe etwa 15 Kilometer. An der Haltestelle finden sich um diese Zeit viele Schulkinder, aber auch Erwachsene ein, die in die Großstadt pendeln. Niemandem fiel an diesem Montagmorgen etwas Ungewöhnliches auf.

Wie fast jeden Tag wollte Frau Kunz ihre Tochter nach Schulschluss mit ihrem Fahrzeug abholen. In Sichtweite vor dem Ausgang parkte sie gegen 13.15 Uhr ihr Fahrzeug und wartete auf Melanie. Doch das Mädchen kam nicht aus der Schule. Als schließlich das letzte Kind die Schule verlassen hatte, wurde die Mutter unruhig. Sie wartete noch ein paar Minuten und begab sich dann zum Sekretariat des Gymnasiums. Dort erfuhr sie nach endlos bangen Minuten, dass Melanie nicht in der Schule gewesen war. Die Aussage der Sekretariatsangestellten traf sie wie ein Keulenschlag. Frau Kunz war sekundenlang wie betäubt. Als sie sich wieder einigermaßen gefasst hatte, fragte sie nach Melanies Klassenlehrer. Während eines kurzen Gesprächs mit ihm, erfuhr sie, dass an dem Tag weder eine Klassenarbeit anstand, noch irgendwelche Noten verteilt werden sollten. Melanie sei eine gute bis sehr gute Schülerin, bei der keinerlei schulischen Probleme zu erkennen waren. Mit ihren Mitschülern würde sie sich bestens verstehen. Es gäbe nicht den geringsten Grund für ein absichtliches Fernbleiben der Schülerin, meinte der Pädagoge.

Wie in Trance verließ Frau Kunz die Schule und fuhr nach Hause. Später wusste sie nicht mehr, ob sie dabei zu schnell, zu langsam, auf Umwegen oder sonst wie gefahren ist. In der Wohnung angekommen, rief sie sofort ihren Mann in der Firma an, der daraufhin nach Hause eilte. Die Eltern beratschlagten sich kurz und riefen dann der Reihe nach alle Verwandten, Bekannten sowie die Freundinnen von Melanie an. Sie hofften, ja sie beteten inständig, dass ihre Tochter vielleicht doch irgendwelche versteckten, persönlichen Probleme mit sich herumtrug und sich damit zu jemandem geflüchtet hatte. Allerdings war ihnen bewusst, dass dies nur ein Strohhalm war, an den sie sich klammerten, weil Melanie bislang eigentlich ein ganz normales und in ihrem Verhalten immer unauffälliges Kind gewesen war.

Nachdem keiner der Angerufenen etwas über den Verbleib des Mädchen sagen konnte, begab sich Herr Kunz gegen 15 Uhr zur örtlichen Polizei. Die kleine Polizeidienststelle war nur mit zwei Mann besetzt. Die beiden Beamten nahmen die Sache von Beginn an sehr ernst. Sie ermittelten innerhalb kürzester Zeit, dass Melanie mit hoher Wahrscheinlichkeit nicht mit dem Omnibus gefahren war. Bereits 30 Minuten später wurde die zuständige Kriminalpolizei eingeschaltet. Die sofort eingeleiteten Nachforschungen der Kriminalpolizei ergaben noch am gleichen Tag, dass Melanie vermutlich nicht einmal die Bushaltestelle erreicht hatte. Außer der Mutter war kein Zeuge ausfindig zu machen, der das Mädchen an dem Morgen noch einmal gesehen hatte.

Die Suche nach der Vermissten wurde am späten Nachmittag des 3. November 1980 unverzüglich in Gang gesetzt und dauerte bis spät in die Nacht hinein. Von dem Kind fehlte jedoch jede Spur.

Am nächsten Tag, um 7 Uhr früh, erhielt Familie Kunz einen per Eilboten zugestellten Brief, der an Jürgen Kunz sowie an den Seniorchef der Firma gerichtet war. Als Jürgen Kunz das große braune Kuvert öffnete, fiel ein Schulheft und die Monatsfahrkarte von Melanie heraus. Der Vater wusste sofort, was das zu bedeuten hatte. Sein Kind war entführt worden. Er zog den beigefügten Brief heraus. Den Eltern verschwammen die Buchstaben vor den Augen als sie den Text lesen wollten. Jürgen Kunz zitterte so stark, dass ihm seine Frau die Hand festhalten musste, mit der er den Brief hielt. Schließlich brach Frau Kunz in einen Weinkrampf aus. Endlich beruhigten sie sich so weit, um lesen zu können:

»Melanie Kunz befindet sich in unserer Hand. Sie wird unversehrt ihre Freiheit wiedererlangen, wenn Sie unsere Forderungen genau erfüllen. Für die Freilassung verlangen wir

1. die Unterlassung aller Fahndungsmaßnahmen bis zur Freilassung

2. ein Lösegeld von zwei Millionen DM in gebrauchten Scheinen.

Einzelheiten über das Austauschverfahren werden Ihnen noch mitgeteilt. Alle schriftlichen oder telefonischen Mitteilungen, die Sie in dieser Angelegenheit erhalten, sind nur echt, wenn sie das Codewort ›Eisenhut‹ enthalten.

Aus Sicherheitsgründen werden alle Verbindungen zwischen Ihnen und uns auf ein Minimum beschränkt. Sorgen Sie dafür, dass Ihr Telefon ständig von einer Person besetzt ist, die verbindliche Aussagen machen kann. Sollten wir den Eindruck gewinnen, dass uns eine Falle gestellt wird und unsere Sicherheit, insbesondere auch bei der Lösegeldübergabe bedroht ist, so werden wir jede Verbindung und das gesamte Verfahren zum Austausch des Geldes gegen Melanie sofort und endgültig abbrechen. Wenn der erste Versuch zur Übergabe nicht einwandfrei klappt, wird es keine Wiederholung geben.

Sofern Sie bereit sind, unsere Forderungen zu erfüllen, geben Sie in den Badischen Neuesten Nachrichten eine Chiffreanzeige auf, in der mitgeteilt wird, dass in Grötzingen ein grüner Wellensittich entflogen ist und für das Wiederbringen eine Belohnung von 100 DM ausgesetzt wird.

Revolutionäre Kampfgruppe 80

November 1980.«

Jürgen und Anita Kunz waren zunächst unfähig, einen klaren Gedanken zu fassen. Erst nach und nach wurde ihnen die Tragweite des Briefes bewusst. So obskur es auch klingen mag, waren sie beinahe erleichtert. In der vergangenen Nacht waren ihnen tausend schreckliche Gedanken durch den Kopf gegangen. Immer wieder kam auch die Befürchtung hoch, Melanie könnte Opfer eines Sittlichkeitsverbrechers geworden und längst tot sein. Doch ihr Kind lebte! Das ging eindeutig aus dem Text hervor und nur das war jetzt wichtig.

Viele Fragen beunruhigten sie weiter: Wie war Melanie entführt worden? Sie wäre doch nie freiwillig in ein fremdes Auto eingestiegen. Und wenn sie geschrien und sich gewehrt hätte, müsste das doch jemand gesehen haben.

Die Eltern entschlossen sich, den Brief der Polizei zu übergeben. Damit begann beim Polizeipräsidium Karlsruhe ein beispielloser, nie dagewesener und auch bis heute in seinen Ausmaßen nicht mehr erreichter Polizeieinsatz.

Eine Sonderkommission, die nach der Vermisstenmeldung bereits am Vorabend in Bereitschaft versetzt worden war, kam zusammen. Die besten Beamten und Spezialisten aus den verschiedensten Dezernaten der Kriminalpolizei versammelten sich am Morgen des 4. November 1980. Der oberste Chef der Kripo Karlsruhe, Kriminaldirektor Meyer, und sein Stellvertreter, Kriminaloberrat Götz, übernahmen die Leitung der Kommission. Bereits am Vormittag erfolgten eine erste Lagebeschreibung und anschließende Analyse. Parallel hierzu wurden auch die Telefone und das Haus der Familie Kunz überwacht. Zwei eigens für solche Fälle ausgebildete Kriminalbeamte stellte man den Eltern der Entführten rund um die Uhr als Betreuer zur Seite.

Erpresserbrief, Kuvert sowie Schulheft und Fahrkarte der Entführten wurden per Eilbote zum Landeskriminalamt gebracht, wo bereits ein Team von wissenschaftlich versierten Chemikern, Biologen, Daktyloskopen und Graphologen bereitstand.

Fieberhaft, jedoch mit der nötigen Vorsicht, wurde damit begonnen, das Umfeld der Familie Kunz sowie die Beschäftigten und die Geschäftspartner der Firma KUNZ zu erforschen.

Schon an diesem und auch am nächsten Tag erschienen in der Presse nach Absprache mit der SOKO jeweils kleine Artikel mit einem Bild von Melanie. In den Texten wurde lediglich aufgeführt, dass das elfjährige Mädchen seit dem 3. November vermisst wird. Daneben konnte man eine ausführliche Personenbeschreibung Melanies und die übliche Aufforderung, dass sich etwaige Zeugen melden sollten, lesen.

In den Badischen Neuesten Nachrichten erschien am 5. November auch das von den Entführern geforderte Inserat mit dem entflohenen Wellensittich.

Schon am Nachmittag desselben Tages traf das erste vorläufige Gutachten der Graphologen ein. Sie stellten fest, dass der Erpresserbrief mit einer Olympia Schreibmaschine der Baureihe 1950 bis 1960, Type Elite Nummer 8, geschrieben worden war. Die linguistische Auswertung ergab, dass es sich bei dem Schreiber vermutlich um einen hochintelligenten, sorgfältigen und belesenen Menschen handelte, der Orthografie sowie Interpunktion beherrschte und im badischen Raum wohnte. Ebenso konnte er mit Schreibmaschinen umgehen. Obwohl mit »Revolutionäre Kampfgruppe 80« unterzeichnet, sprach die Gesamtdiktion des Textes nicht für einen Urheber aus dem Terrorismusbereich.

Die Stempelung des Briefes erfolgte beim Postamt 2 in Karlsruhe. Er wurde vermutlich eingeworfen. Bei Papier und Kuvert handelte es sich um Massenprodukte, die eine individuelle Zuordnung kaum möglich machten.

Am dritten Tag nach der Entführung lief die Maschinerie der Sonderkommission bereits auf Hochtouren. An diesem Tag traf auch der zweite Erpresserbrief mit detaillierten Anweisungen der Geldübergabe ein. Ein weiterer mit ergänzenden Anweisungen folgte einen Tag später. In beiden Briefen wurde eindringlich vor der Einschaltung der Polizei gewarnt, obwohl die Erpresser durch ihr Verhalten doch wissen mussten, dass die Polizei selbstverständlich schon lange über das Fehlen des Kindes informiert war, nachdem es am Tag seines Verschwindens bis zum Abend noch nicht nach Hause gekommen war und sie, die Erpresser, den Eltern bis zu diesem Zeitpunkt noch keine Nachricht hatten zukommen lassen.

Wieder sollten die Eltern von Melanie ihre Zahlungsbereitschaft per Zeitungsanzeige unter dem Hinweis auf einen entflohenen Wellensittich signalisieren.

Am Abend des 8. November 1980, fünf Tage nach dem Verschwinden von Melanie, klingelte bei Familie Kunz das Telefon, das für einen eventuellen Anruf der Entführer freigehalten wurde. Es war genau 21.50 Uhr. Jürgen und Anita Kunz schreckten zusammen. Fragend und besorgt schauten sie die beiden anwesenden Kriminalbeamten an. Der eine nickte und sagte mit ruhiger, fester Stimme zu Herrn Kunz: »Darauf haben wir ja gewartet. Nehmen Sie jetzt den Hörer ab und verhalten Sie sich genau so, wie wir es besprochen haben. Bleiben Sie auf jeden Fall gefasst, egal welche Drohungen und Forderungen der Anrufer ausspricht. Wir sind da und helfen Ihnen.«

Etwas zögernd nahm Herr Kunz den Hörer ab. Das Tonaufzeichnungsgerät schaltete sich ein. Mit dem Codewort »Eisenhut« meldete sich eine männliche Stimme, die in kurzen, prägnanten Sätzen forderte, dass Frau Kunz mit dem Lösegeld sofort losfahren solle und an einem bestimmten Ort weitere schriftliche Anweisungen hinterlegt wären. Wie zuvor mit den Betreuern der Kripo besprochen, teilte Herr Kunz dem Mann mit, das Lösegeld habe man beschafft, die endgültige Übergabe würde jedoch nur erfolgen, wenn ein sicheres Lebenszeichen von Melanie vorliegt. Der Anrufer unterbrach daraufhin das Gespräch.

Die abrupte Unterbrechung des Gespräches nach Forderung eines Lebenszeichen von Melanie rief bei den Eltern sofort die Befürchtung hervor, Melanie könnte nicht mehr leben. Frau Kunz war einem Zusammenbruch nahe. In diesem Zustand konnte sie sich unmöglich in ein Fahrzeug setzen und irgendwohin fahren. Von einem Arzt erhielt sie Beruhigungsmittel. Erst nach etwa zwei Stunden beruhigte sich die Mutter der Entführten so weit, dass sie mit ihrem Pkw losfahren konnte.

Die Stelle, an der weitere Anweisungen der Erpresser hinterlegt sein sollten, befand sich zwei Ortschaften weiter, etwa 8 Kilometer vom Wohnhaus der Familie Kunz entfernt an einem weit sichtbaren Hochspannungsmast in der Nähe eines Kleingartengeländes.

Trotz der ungeheuren nervlichen Belastung und der Dunkelheit fand Anita Kunz ohne Probleme den direkt unter dem Strommasten abgelegten Erpresserbrief. Darin drohten die Erpresser, sie müsse nun alle Anweisungen genauestens beachten, dürfe ja keinen Fehler machen, wenn sie das Leben ihres Kindes nicht gefährden wolle. Sie wurde aufgefordert zu wenden, nach 100 Meter rechts in einen schmalen Weg abzubiegen und nach weiteren 50 Metern anzuhalten. Dort solle sie an einer mit einer leeren Cola-Dose markierten Stelle die Tasche mit den 2 Millionen DM abstellen.

Anschließend solle sie wieder aus dem schmalen Weg heraus in Richtung Karlsruhe und danach über mehrere Randgemeinden nach Hause fahren.

Frau Kunz las den Brief zweimal. Sie stand jetzt vor einer Gewissensentscheidung. Legte sie tatsächlich, wie von den Erpressern gefordert, das Lösegeld an der bezeichneten Stelle ab oder hinterließ sie ihrerseits, wie mit ihrem Mann und der Kriminalpolizei abgesprochen, an dem Hochspannungsmast ein vorher abgefasstes Schreiben, in dem nochmals deutlich gemacht wurde, dass keine Lösegeldübergabe ohne ein Lebenszeichen von Melanie erfolgen würde. Die Mutter des entführten Mädchens kämpfte minutenlang mit sich. Es war vielleicht die einzige Chance, Melanie wieder in ihre Arme schließen zu können. Doch schließlich blieb sie hart und legte die schriftliche Forderung auf ein Lebenszeichen ihres Kindes ab. Danach fuhr sie nach Hause. Die Tasche mit dem Lösegeld rührte sie nicht an. Als Frau Kunz später aus dem Auto stieg, hatte sie das Gefühl, als ob man ihr den Boden unter den Füßen wegziehen würde. Minutenlang war sie nicht ansprechbar.

Um das Leben von Melanie nicht zu gefährden und eine Behinderung der polizeilichen Arbeit zu vermeiden, konnte bis zum 12. November die gesamte Presse der Region, die allerdings jederzeit umfassend informiert war, zu einem Stillhalteabkommen verpflichtet werden. Ein wohl einmaliger Vorgang, der auch noch nahezu reibungslos vonstatten ging.

Als sich aber die Erpresser nach der gescheiterten Lösegeldübergabe nicht mehr meldeten, entschieden der Polizeipräsident und der Leiter der SOKO, dass am 12. November nun endlich die Medien von der Leine gelassen werden sollten. An diesem Tag erschienen in allen Zeitungen große und ausführliche Artikel über die Entführung der Melanie Kunz.

Außerdem ließ der Karlsruher Polizeipräsident Dr. Volker Haas in der Presse eine Erklärung veröffentlichen, in der er den Entführern zusicherte, die Polizei würde alle Fahndungsmaßnahmen unterlassen, die die Übergabe des Lösegeldes an die Entführer behindern könnten. Weiterhin sicherte er zu, alle gezielten Fahndungsmaßnahmen nach den Tätern auch noch bis zur Freilassung des Kindes mit der Begründung einzustellen, dass der Polizei primär daran liege, das Kind unversehrt seinen Eltern zurückzubringen. Er appellierte eindringlich an die Entführer, den Eltern endlich ein Lebenszeichen von Melanie zu übermitteln und das Kind alsbald freizugeben.

Für die Übermittlung eines Lebenszeichens wurde den Erpressern von den Eltern und der Polizei eine Frist bis zum nächsten Morgen 9 Uhr gesetzt.

Tatsächlich traf dann auch einen Tag später der fünfte Erpresserbrief bei Familie Kunz ein. Darin warfen die Täter den Eltern in knappen Sätzen vor, man habe den Eindruck, die Polizei wolle ihnen eine Falle stellen. Melanie könnte schon längst zu Hause sein, wenn die Anweisungen befolgt worden wären. Sie würden nun die neue Lage prüfen und erst einmal stillhalten. Den Eltern legten sie nahe, abzuwarten bis eine neue Nachricht und auch ein aktuelles Lebenszeichen von Melanie bei ihnen eintrifft.

Natürlich rief der Brief bei den Eltern, insbesondere bei Frau Kunz größte Zweifel hervor. Mit den Nerven völlig am Ende, fragte sich die besorgte Mutter immer und immer wieder, ob sie richtig gehandelt hatte, als sie das Lösegeld nicht an der vorgegebenen Stelle ablegte. Könnte Melanie tatsächlich schon zu Hause sein? Hatten die Entführer vielleicht nur Angst, man könnte ihnen auf die Schliche kommen, wenn sie der Forderung nach einem Lebenszeichen von Melanie nachkämen?

Aufgrund dieses Briefes und insbesondere auch auf Drängen der Eltern wurde von der Polizei und der Staatsanwaltschaft die Frist zur Aussetzung gezielter Fahndungsmaßnahmen auf weitere vier Tage verlängert. Am Montag, den 17. November, 9 Uhr sollte die Frist vorüber sein.

In den folgenden Tagen wurde in allen Zeitungen, meist in übergroßen Lettern, sowie in Rundfunk und Fernsehen von der Entführung berichtet. Bei der Sonderkommission gingen massenhaft Hinweise ein. Die Personalstärke wurde verdoppelt. In Spitzenzeiten waren über 300 Beamte eingesetzt. Immer noch unter der Vorgabe, das Leben der kleinen Melanie nicht zu gefährden, konnte den Hinweisen nur mit der gebotenen Vorsicht und einem damit verbundenen enorm hohen Zeitaufwand nachgegangen werden.

Viele Beamten, insbesondere die, die von Anfang an in der SOKO eingebunden waren und darin auch Schlüsselstellungen innehatten, überschritten mehr als einmal ihre Belastungsgrenzen. Der Polizeipräsident verfügte für das gesamte Präsidium eine Urlaubssperre. Nur in begründeten Ausnahmefällen konnte diese Sperre kurzfristig aufgehoben werden.

Jürgen und Anita Kunz sowie den anderen engen Familienangehörigen sah man die nervliche Belastung schon lange an. Sie schienen in diesen wenigen Tagen um Jahre gealtert zu sein. Das Haus der Familie Kunz wurde von unzähligen Reportern der verschiedensten Zeitungen und Illustrierten belagert. In der Hoffnung, damit das Leben ihres Kindes zu retten, gaben Jürgen und Anita Kunz in Presse, Rundfunk und Fernsehen Interviews, in denen sie die Entführer anflehten, Melanie endlich freizulassen. Aus dem gleichen Grund wurde das Ultimatum für den Beginn einer gezielten Großfahndung nach den Tätern auf unbestimmte Zeit verlängert.

Die Hoffnung, Melanie lebend in ihre Arme schließen zu können, schwand allerdings mit jedem Tag, der verging. Nicht nur in der Heimatgemeinde, sondern überall in der Bundesrepublik wurden Gottesdienste abgehalten, in denen für das Mädchen gebetet wurde. Vor über 300 000 Gläubigen rief Papst Johannes Paul II. in Köln die Entführer im Namen der Menschlichkeit auf, »das unschuldige Kind Melanie« unverzüglich freizugeben. Auch Lothar Späth, der baden-württembergische Ministerpräsident appellierte an die Entführer, ein »Zeichen menschlichen Respekts« zu geben und das elfjährige Kind den Eltern zurückzubringen.

In der gesamten Umgebung wurden Veranstaltungen und Feste abgesagt. Man sah Transparente an öffentlichen Gebäuden und Plätzen mit der Aufschrift: LASST MELANIE LEBEN! LASST MELANIE FREI!

Der bekannte Fernsehjournalist Dieter Kronzucker bot Familie Kunz seine Hilfe an. Die beiden Töchter Kronzuckers waren einige Zeit zuvor in Italien Opfer einer Entführung geworden. In Zusammenarbeit mit der italienischen Polizei hatte er monatelang mit den Entführern verhandelt, bis seine Töchter endlich freikamen. Kronzucker suchte die Eltern von Melanie auf und gab ihnen wichtige Tipps, wie sie mit der ungeheuren nervlichen Belastung am besten fertig werden könnten. Auch sagte er ihnen, wie sie auf die Forderungen der Entführer reagieren sollten. Der Journalist vertrat ebenfalls die Ansicht, dass die Eltern kein Lösegeld zahlen sollten, solange sie kein Lebenszeichen ihres Kindes erhalten hätten.

Jürgen und Anita Kunz verspürten nach den Gesprächen mit Dieter Kronzucker wieder etwas mehr Hoffnung und nahmen die Ratschläge dankbar an.

Nachdem die Entführer nichts mehr von sich hören ließen, richteten eine Woche später, am 20. November 1980, die Eltern über Rundfunk und Fernsehen nunmehr den zweiten Appell an die Entführer. Dieter Kronzucker setzte größtenteils den Text auf. Flehentlich schloss Anita Kunz ihren Aufruf mit den Worten: »Bitte, haben Sie Erbarmen mit uns und geben Sie uns unser Kind zurück.«

Doch dieser Appell schien ebenso zu verhallen wie der erste.

Nach weiteren sieben Tagen bangen Wartens sowie drei öffentlichen Appellen der Eltern, in denen sie unter anderem auch den Entführern deutlich machten, die Polizei hinsichtlich einer Großfahndung nun nicht mehr länger zurückhalten zu können, traf dann doch noch am 27. November 1980 ein neuer Erpresserbrief ein. In geradezu zynischer Weise teilten die Täter darin mit, dass sie mit dem ersten Übergabeversuch nicht zufrieden gewesen seien und sie nun einen zweiten Versuch machen würden. Die Anweisungen der früheren Mitteilungen würden ihre Gültigkeit behalten, wenn nicht ausdrücklich etwas anderes gefordert wird.

Die Zustimmung zu dieser Verfahrensweise würden sie innerhalb der nächsten 48 Stunden wiederum per Inserat in der Zeitung erwarten. Nach dieser Zustimmung würde der Familie in Form eines handgeschriebenen Briefes von Melanie und eines Fotos mit aktueller Bildzeitung ein Lebenszeichen zukommen. Zum Schluss drohten die Entführer, dass jeder Verstoß gegen ihre Anweisungen den endgültigen Abbruch des ganzen Übergabeverfahrens zur Folge hätte.

Wieder war der Brief mit »Revolutionäre Kampfgruppe 80« unterschrieben, doch schon längst war sich die Polizei sicher, dass hinter der Entführung keine Terrororganisation steckte. Vielmehr deutet alles auf einen hochintelligenten Einzeltäter hin.

Mit dem neuen Brief keimte auch wieder neue Hoffnung auf. Die Mitglieder der Sonderkommission, aber insbesondere auch Familie Kunz gaben sich sehr zuversichtlich, dass Melanie noch lebte. Man wusste von ähnlichen Fällen in Italien, wo Kinder mehrere Monate in den Händen von Erpressern waren, bis sie schließlich unversehrt freigekommen sind.

Jürgen und Anita Kunz teilten den Entführern über die Presse erneut mit, dass sie bereit wären, das geforderte Lösegeld nach den Anweisungen der Kidnapper zu übergeben, sobald sie ein Lebenszeichen von Melanie erhalten würden. Der Pressesprecher der Polizei gab bekannt, dass weiterhin die gezielte Fahndung ausgesetzt würde, wenn alsbald die Freilassung des Mädchens in Aussicht stand. Diese nicht unumstrittene Entscheidung wurde mit dem so genannten Rechtfertigenden Notstand gemäß § 34 Strafgesetzbuch begründet. Das Leben der Geisel, so die Meinung der Entscheidungsträger, genießt absolute Priorität gegenüber dem Legalitätsprinzip und dem Strafanspruch des Staates.

Doch trotz der konkreten Ankündigung der Entführer, ein Lebenszeichen von Melanie zu übermitteln, vergingen wieder Tage des Wartens, der Verzweiflung, des Bangens und der Hoffnung. Da sich die skrupellosen Verbrecher bis zum 8. Dezember immer noch nicht gemeldet hatten, wandten sich die Eltern schließlich wieder an die Täter. Über die Presse teilten sie ihnen mit, sie seien zutiefst enttäuscht, dass sie immer noch kein Lebenszeichen ihrer Tochter erhalten hätten und die Polizei kaum noch daran glaubt, dass Melanie noch lebt. Sie baten umgehend um ein Lebenszeichen, ansonsten könne die Fahndung nicht mehr zurückgehalten werden.

Als auf diesen Appell keine Reaktion der Entführer erfolgte, wurde am 10. Dezember 1980, 38 Tage nach der Entführung, endlich die schon lange vorbereitete Großfahndung nach den Tätern eingeleitet.

Das Sondereinsatzkommando Baden-Württemberg (SEK), alle vier Mobile Einsatzkommandos (MEK) des Landes sowie Sondereinheiten aus Hessen wurden mobilisiert. Die technisch bestens ausgerüsteten Organisationseinheiten wurden hauptsächlich für operative Maßnahmen wie Observationen und Festnahmen von Tatverdächtigen eingesetzt.

Hundertschaften von Polizisten, die schon wochenlang auf den Befehl gewartet hatten und vorbereitet waren, durchkämmten Waldstücke, durchsuchten leerstehende Häuser, Wohnungen, Hohlräume von Brücken, verfallene Bunker,

Ruinen, Feldscheunen und Waldhütten. Sie umstellten Kleingartenanlagen und Campingplätze, um systematisch eventuell tatverdächtige Personen aufzustöbern. Dabei waren alle verfügbaren Suchhunde des Landes, Hubschrauber und sogar Flugzeuge der Bundeswehr mit Wärmebildkameras, sowie andere technische Hilfsmittel im Einsatz.

Um einen höchstmöglichen Fahndungsdruck auf die Entführer zu erreichen, setzte die Staatsanwaltschaft 10 000 DM und, was noch nie der Fall gewesen war, auch die Polizei weitere 10 000 DM Belohnung zur Ergreifung der Täter aus. Das war die höchste Summe, die jemals in Deutschland für die Aufklärung einer Kindesentführung ausgesetzt worden ist. Gleichzeitig richtete der Polizeipräsident von Karlsruhe an die Bevölkerung einen flammenden Appell, in dem er um Mithilfe bei der Suche nach Melanie Kunz und der Fahndung nach den Tätern bat.

Entsprechende Fahndungsplakate wurden in vier Sprachen gedruckt und überall in Deutschland aufgehängt. Im Großraum Karlsruhe sah man sie mit dem Bild von Melanie an jeder Ecke, in jedem öffentlichen Gebäude und in vielen Geschäften.

Presse, Rundfunk und Fernsehen gaben nun Details der Entführung bekannt. Auch in den Zeitungen erschienen Bilder von Melanie und ihrer am Tattag getragenen Kleidung. Exakte Duplikate des Schulranzens und des kleinen Bastköfferchens, wie von Melanie mitgeführt, waren abgebildet. Und immer wieder stand unter jedem Zeitungsartikel, hinter jedem Radio- oder Fernsehbericht die Frage, wer kann sachdienliche Hinweise zur Aufklärung dieses furchtbaren Verbrechens geben.

Trumpfass der polizeilichen Fahndung war jedoch die Aufzeichnung des einzigen Telefongespräches zwischen einem der Entführer und dem Vater von Melanie. Die Stimme des Täters war nicht nur tagelang in Rundfunk und Fernsehen zu hören, sie konnte auch über eine Sondernummer telefonisch bundesweit von jedermann abgehört werden.

Die Fahndung brachte für die Polizei die erhoffte, aber auch gefürchtete Flut von Hinweisen. Innerhalb weniger Tage gingen über 680 brauchbar erscheinende Hinweise ein, die allesamt dokumentiert und danach zur Bearbeitung an die Teams der Organisationseinheit »Ermittlungen« innerhalb der SOKO verteilt werden mussten. Ob man nun will oder nicht, zur Bearbeitung dieser Hinweisflut ist ein gewaltiger Bürokratismus notwendig, dem auch unweigerlich eine gewisse Schwerfälligkeit anhaftet. Dem versucht man dadurch zu begegnen, dass bestimmte Hinweise als Vorrangspuren einstuft werden. Das sind solche Spuren, die besonders »heiß« erscheinen und möglichst schnell, aber auch sehr gewissenhaft in Angriff genommen werden. Die Sonderkommission arbeitete in dieser Phase weit im roten Drehzahlbereich.

Überprüfungen von verdächtigen Personen sind oft mit einem Tanz auf dem Vulkan zu vergleichen. Für die jeweiligen Kriminalbeamten stellen sich immer wieder die gleichen, oft äußerst kritischen Fragen: Welche taktischen und technischen Möglichkeiten zur Überprüfung einer Person stehen im vorgegebenen Rahmen der Strafprozessordnung zur Verfügung? Wie weit kann man gehen, um nicht den für die Polizei so wichtigen Grundsatz der Verhältnismäßigkeit zu verletzen? Ohne dass es dem Beamten unbedingt bewusst sein muss, kann er sich beim Überschreiten seiner Befugnisse sehr schnell selber strafbar machen.

Die Mehrzahl der Hinweise bezogen sich natürlich auf die Stimme des Täters. Doch anders als bei einem Finger- oder Schuhsohlenabdruck kann man die Stimme eines Tatverdächtigen nicht so ohne weiteres mit einer auf Band aufgenommenen Täterstimme vergleichen. Insofern stellte die Bearbeitung dieser Hinweise eine sehr schwierige Aufgabe dar.

Bei den zahlreichen Hinweisen aus der Bevölkerung, musste grundsätzlich auch immer damit gerechnet werden, dass der Hinweisgeber, insbesondere wenn er sich anonym meldete, jemanden bei der Polizei vielleicht nur anschwärzen wollte, um ihm Schwierigkeiten zu bereiten. Das Problem hierbei war, dass die Kriminalbeamten jedem Hinweis mit der gebotenen Sorgfalt nachgehen mussten. Dabei kam es nicht selten vor, dass völlig Unschuldige polizeiliche Maßnahmen, bis hin zur Verhaftung und tagelangem Gefängnisaufenthalt, über sich ergehen lassen mussten, bis der Tatverdacht gegen sie schließlich ausgeräumt war.

Es waren bereits zehn Tage nach Beginn der Großfahndung vergangen. Unzählige Spuren und Hinweise waren von der Polizei überprüft worden. Es gab einige vorläufige Festnahmen von Tatverdächtigen, die jedoch alle sehr schnell wieder freikamen. Gleichzeitig liefen ständig Observationen von mehreren Personen, die als Täter aufgrund verschiedener Kriterien in Frage kommen konnten.

Die entscheidende Wende trat dann am 48. Tag der Entführung, am 20. Dezember 1980 ein. Es war der Samstag vor Weihnachten. Der Forstbeamte Kuno Melcher wollte für sich und seine Familie in einer Kiefernschonung, auf der Gemarkung Graben-Neudorf, einen Weihnachtsbaum schlagen. Schon seit Jahren war das für den stolzen Vater eines 14-jährigen Sohnes ein festes, vorweihnachtliches Ritual. Sebastian, sein Junge, hatte diesmal noch zwei Freunde eingeladen. Zu viert fuhren sie zu der Kiefernschonung. Es war etwa zwei Grad unter Null und es schneite ganz leicht. Die Bäume waren wie mit feinem Puderzucker bedeckt. In den Herzen der Kinder und auch bei dem Forstbeamten hatte sich schon längst eine stille Weihnachtsfreude breit gemacht. In einer fast feierlichen Ansprache spornte Kuno Melcher die Jungs an, in dem Waldstück den schönsten Baum für das diesjährige Weihnachtsfest zu suchen. Als Belohnung versprach er ein zünftiges Frühstück in der nahegelegenen warmen Forsthütte. Die Jungs machten sich eifrig auf die Suche. Man blieb in Rufweite.

Der Förster hatte schon mehrere Bäume begutachten müssen, als ihm Sebastian wieder einmal rief. Diesmal hörte sich sein Ruf aber anders an, denn Sebastian hatte nicht den vermeintlich schönsten Baum gefunden, sondern einen großen, in zwei blauen Plastiksäcken verschnürten Gegenstand. Melcher eilte zu seinem Jungen. Er bückte sich zu dem blauen Paket hinunter und zog an einem der Säcke. Dabei schob sich eine kleine, fast schon skelettierte Hand heraus. Sebastian und die anderen beiden Jungs standen mit weit aufgerissenen Augen da. Sie begriffen zunächst nicht, was das eigentlich bedeutete. Die Jungs schauten den Erwachsenen fragend an. Melcher wollte erklären, schluckte und brachte zunächst keinen Ton heraus. Schnell führte er die Jungen von diesem grässlichen Fundort weg. Nach einigen Metern sagte er mit einem Kloß im Hals: »Das ist ein Toter, wir müssen sofort die Polizei verständigen.«

Als er kurze Zeit später am Telefon den Fund beschrieb, vermutete der Polizist am anderen Ende der Leitung gleich, dass es sich dabei um die Leiche der Melanie Kunz handeln könnte. Der Fundort war etwa 15 Kilometer von dem Entführungsort entfernt. Er verständigte deshalb sofort die SOKO. Die Nachricht vernichtete alle Hoffnungen und brachte alle Planungen durcheinander, war man doch bis zu diesem Zeitpunkt immer noch der Meinung, Melanie würde noch leben und die Entführer würden das Mädchen in Anbetracht des unmittelbar bevorstehenden Weihnachtsfestes freilassen.

Doch schon wenige Stunden später war es Gewissheit. Der in die Gerichtsmedizin Heidelberg verbrachte Leichnam war entgegen den ersten Befürchtungen noch sehr gut erhalten. Lediglich die rechte Hand war schon etwas skelettiert, weil sie offensichtlich nicht so gut abgedeckt worden war, wie die übrigen Bereiche des Körpers. Sehr bald wurde klar, dass es sich bei der Leiche unzweifelhaft um Melanie Kunz handelte.

In einem der beiden Plastiksäcke wurden eine holländische Münze und ein Teil von einem kleinen Preisaufkleber eines Baumarktes gefunden. Gegenstände, die keinesfalls dem Kind zuzuordnen waren und somit als wertvolle Beweismittel dienten.

Bei der Obduktion wurde schließlich festgestellt, dass das Kind mit hoher Wahrscheinlichkeit durch mehrere massive Schläge auf den Kopf ums Leben gekommen war. Die Schädeldecke war über der linken Schläfe mit einem Durchmesser von etwa zehn Zentimeter großflächig mittels eines stumpfen bis kantigen Gegenstandes eingeschlagen worden. Der Täter musste die Schläge mit großer Wucht ausgeführt haben.

Weitere Verletzungen, insbesondere Würgemale wurden nicht gefunden. Auch war das Kind nicht sexuell missbraucht worden.

Bei der Untersuchung wurde zudem eine, hauptsächlich von den Eltern, aber auch von der Presse und natürlich ebenso von der Polizei gestellte, überaus wichtige Frage geklärt: Im Magen und Dünndarm des toten Kindes konnte ein noch gut erhaltener Speisebrei von Getreideschrot gefunden werden. Er stammte zweifelsfrei von dem Brot, das Melanie am Morgen ihrer Entführung zu Hause gegessen hatte. Aufgrund des Verdauungszustandes dieser Nahrung kam der Gerichtsmediziner zu dem Schluss, dass Melanie schon kurze Zeit nach ihrer Entführung getötet worden sein musste. Der Kidnapper konnte also bereits bei der ersten von ihm geforderten Lösegeldübergabe kein Lebenszeichen des Kindes mehr liefern, was wiederum bedeutete, dass sich die Mutter in Absprache mit der Polizei richtig entschieden hatte, als sie die Übergabe des Geldes ohne Lebenszeichen ihrer Tochter verweigerte.

Als der SOKO-Leiter und seine Mitarbeiter diese Nachricht erhielten, fiel ihnen trotz der grausamen Tatsache, dass Melanie tot war, ein schwerer Stein vom Herzen. Kriminaldirektor Meyer und sein Stellvertreter machten sich auf den Weg, den Eltern von Melanie Kunz die Todesnachricht zu überbringen.

Zurück zum 10. Dezember 1980. Trotz vieler herzzerreißender Aufrufe der Eltern und auch verschiedener Appelle sowie Zusicherungen der Polizei, waren die Entführer der Forderung, ein Lebenszeichen von Melanie zu liefern, immer noch nicht nachgekommen, weshalb nun die SOKO die Großfahndung einleitete.

Längst schon hatte sich bei den Eltern und ihren engsten Angehörigen das so genannte Stockholm-Syndrom bemerkbar gemacht, das erstmals anlässlich einer im Jahre 1973 erfolgten Geiselnahme in einer Stockholmer Bank erwähnt wurde.

An einem Donnerstag im August 1973 betraten mehrere Unbekannte eine Bank in Stockholm und versetzten mit Salven aus ihren Maschinenpistolen Angestellte und Kunden in Angst und Schrecken. Während der darauf folgenden fünf Tage war das Leben der Geiseln in ständiger Gefahr und man beobachtete zum ersten Mal ein psychologisches Phänomen, das seitdem als »Stockholm-Syndrom« bekannt ist. Dieser Begriff bezeichnet eine spezifische Verhaltensweise von Verbrechensopfern, die sich aufgrund der Extremsituation ungewollt mit ihren Tätern arrangieren, Mitleid fühlen und unter Umständen sogar gemeinsam deren Ziele unterstützen.

Die Stockholmer Geiselnahme fand damals besondere Beachtung, weil die Medien nicht nur die Folgen der Ereignisse, sondern auch über die Angst der Geiseln offen berichteten. So trat das Phänomen zutage, dass entgegen allen Erwartungen die tagelang gefangen gehaltenen Geiseln mehr Angst vor der Polizei als vor den Tätern hatten. Noch Wochen nach den Ereignissen und trotz intensiver psychiatrischer Nachsorge hatten einige der Geiseln Alpträume und panische Angst vor den Straftätern und trotzdem keine Hassgefühle gegenüber ihren Peinigern. Sie hatten vielmehr das Gefühl, die Geiselnehmer hätten ihnen das Leben zurückgegeben und dafür müssten sie dankbar sein.

Manche Geiseln baten sogar um Gnade für die Täter und besuchten sie später im Gefängnis.

Dieses kaum erklärbare Verhalten läuft bei den Betroffenen im Unterbewusstsein ab. Der einzelne Mensch hat darauf keinen Einfluss. Es ist eine unkontrollierbare Reaktion, um in einer vernichtenden Situation insbesondere seelisch überleben zu können.

Bei Familie Kunz wirkte sich das Stockholm-Syndrom in den Tagen des verzweifelten Wartens so aus, dass die Entführer mit ihrer Taktik, insbesondere mit dem Verfassen von insgesamt sechs Erpresserbriefen, nahezu alle Angehörigen mehr oder weniger zermürbten. So wurden die Familienmitglieder des Opfers regelrecht zu Verbündeten, ja fast schon zu Partnern der Verbrecher. Das ging sogar so weit, dass die Täter in Schutz genommen wurden. Man suchte für deren Verhalten Entschuldigungen und erfand hundert Ausreden zu ihren Gunsten. Um ihr Kind zu schützen, schlug sich speziell die Mutter in gewisser Weise auf die Seite der Geiselnehmer. In dieser Situation war es für die Polizei sehr schwer, von den Betroffenen Verständnis für polizeiliche Maßnahmen gleich welcher Art zu erhalten und jeder Schritt, den die Polizei unternahm, konnte zur völligen Ablehnung und sogar dazu führen, dass die Polizei als Feind angesehen wurde.

Doch die Sonderkommission hatte mit dem Beginn der gezielten Großfahndung weit über das Normalmaß hinaus schon zu lange gewartet. Auf die im Zuge der konzentrierten Großfahndung veröffentlichten Täterstimme meldeten sich unzählige Anrufer bei der Polizei und teilten mit, dass ihnen die Stimme bekannt vorkomme. Manche Hinweisgeber erschienen dabei sehr sicher, andere nannten auch schon Namen, obwohl sich bei näherem Nachfragen ihre Begründung sehr vage anhörte.

Bereits einen Tag nach Veröffentlichung der Stimme meldete sich am frühen Nachmittag unter anderem auch eine Frau namens Luise Kohn bei der Polizei. Sie gab an, dass die Stimme so klingen würde, wie die ihres ehemaligen Chefs, bei dem sie bis September 1980 gearbeitet habe. Der Erpresser würde insbesondere das »R« ebenso rollen. Ihr Chef heiße Adolf Rink, sei Diplom-Volkswirt und betreibe ein Büro für Projektplanungen und Entwicklungshilfe in Karlsruhe-Durlach.

Der Hinweis wurde von dem aufnehmenden Polizeibeamten sofort an die SOKO weitergeleitet und dort unter der Spurennummer 1311 bearbeitet.

Am Abend desselben Tages rief auch Peter Heil bei der Polizei an und teilte mit, dass er sich die Stimme des Erpressers mehrfach angehört habe und der Meinung sei, dass sie große Ähnlichkeit mit der Stimme des Adolf Rink habe. Mit Herrn Rink würde er schon seit über acht Jahren in geschäftlicher Verbindung stehen. Insbesondere am Telefon würde sich Herr Rink anhören, als ob er zu wenig Speichel im Mund hätte. Speziell an dem von dem Erpresser genannten Wort »Dreihundert« meine er, den Adolf Rink zu erkennen.

Dieser zweite Hinweis auf Adolf Rink wurde ebenfalls an die SOKO weitergeleitet und erhielt die Nummer 1471. Aufgrund der Vielzahl ähnlicher Anrufe wurde zu diesem Zeitpunkt noch kein Zusammenhang zwischen den Spuren 1311 und 1471 erkannt.

Der Hinweis 1311 wurde nicht als Vorrangspur eingestuft und einem relativ unerfahrenen Polizeiobermeister zugeteilt. Der Beamte ermittelte die vollständigen Personalien sowie die Anschrift des Adolf Rink und stellte dazu fest, dass es sich um einen 47-jährigen, verheirateten, unbescholtenen Bürger und Geschäftsmann handelte, der insgesamt fünf Kinder, vier Mädchen und ein Junge, im Alter zwischen 10 und 21 Jahren hatte. Da die Familienverhältnisse des Diplom-Volkswirtes geordnet erschienen und er alles andere als in das Raster eines Kidnappers passte, vermutete der Polizeiobermeister, dass Frau Kohn aus irgendeiner Verärgerung heraus ihren Exchef an den Pranger stellen wollte. Dennoch rief er Adolf Rink unter einem Vorwand an. Nach eigenem Ermessen und ohne die Stimme des Gesprächspartners auf Band aufzunehmen, stellte der Schutzpolizeibeamte fest, dass sie nicht mit der des Erpressers identisch sei. Deshalb schloss er am 15. Dezember 1980 die Spur wegen fehlender Stimmengleichheit als erledigt ab.

Der andere Hinweis auf die Person des Adolf Rink, die Spur Nummer 1471, wurde einem Kriminalhauptmeister zugeteilt. Der Beamte gab sich bei der Bearbeitung dieser Spur viel Mühe, obwohl er bis zu diesem Zeitpunkt schon mehreren ähnlichen Hinweisen ohne Erfolg nachgegangen war.

Er suchte den Hinweisgeber persönlich auf und befragte ihn eingehend. Peter Heil machte dabei einen sehr überzeugenden Eindruck und der Kriminalbeamte kam zu dem Schluss, dass an der Sache etwas dran sein könnte. Er recherchierte und stieß dabei auch auf die schon abgeschlossene Spur Nummer 1311. Dadurch erhärteten sich für den Kriminalhauptmeister die Verdachtsmomente gegen den vermeintlich renommierten Geschäftsmann und fünffachen Familienvater Adolf Rink. Die schon abgelegte Spur 1311 wurde wieder aufgenommen und mit Spur Nummer 1471 zusammengeführt.

Dem Kriminalhauptmeister wurden mehrere seiner erfahrensten Kollegen zur Seite gestellt. Im Team nahmen sie sich dieser wirklich heißen Hinweise an.

Luise Kohn, die erste Hinweisgeberin, wurde jetzt ausführlich vernommen. Wie zuvor Peter Heil erschien auch sie sehr glaubwürdig. Entgegen der voreilig gefassten Meinung des Polizeiobermeisters hinterließ sie keinesfalls den Eindruck, ihren Exchef verleumden zu wollen und betonte nochmals, an welchen Merkmalen sie die Stimme des Erpressers erkannt hatte.

Daraufhin wurde die Person des Adolf Rink sowie sein gesamtes Umfeld bis ins kleinste Detail erforscht. Es stellte sich sehr bald heraus, dass Rink mit etwa 800 000 DM hoch verschuldet war und sich seine Büroräume in Sichtweite des einst von den Entführern vorgegebenen Geldübergabeortes befanden. Weiterhin stellte sich heraus, dass Adolf Rink einen hellen Mercedes Benz besaß. Zeugen hatten zuvor ausgesagt, dass ihnen ein heller Daimler mit Karlsruher Kennzeichen Tage vor der Entführung in der Nähe des Wohnhauses der Familie Kunz mehrfach aufgefallen sei.

Noch am selben Tag wurde Luise Kohn, die ehemalige Angestellte von Rink, gebeten, einen unauffälligen, fingierten Anruf bei ihrem Exchef zu tätigen. Ziel war es, die Stimme des Tatverdächtigen auf Band aufzunehmen und sie danach von den Spezialisten des BKA mit der Täterstimme vergleichen zu lassen.

Die Aktion war ein Volltreffer. Rinks Stimme wies in großen Teilen die gleichen Merkmale wie die Erpresserstimme auf. Das hatte zur Folge, dass Adolf Rink im Entführungsfall Melanie Kunz zum Tatverdächtigen Nummer 1 wurde. In Windeseile wurden die üblichen Überwachungsmaßnahmen eingeleitet. Man observierte Rink und seine Familienangehörigen rund um die Uhr. Wenn er das Haus verließ, überwachten die Beamten jeden seiner Schritte. Alle seine Telefone wurden abgehört. Von sämtlichen Gebäuden, zu denen er privat oder geschäftlich Zutritt hatte, wurden Grundrisspläne beschafft, um soweit wie nur möglich, schon vor einer eventuellen Festnahme, verdeckte Durchsuchungen vornehmen zu können. Man hoffte, dabei eventuell Melanie Kunz finden und befreien zu können. Mit der nötigen Vorsicht wurden auch bei Geschäftspartnern des Tatverdächtigen Schriftstücke erhoben, um sie mit den Erpresserbriefen zu vergleichen.

Diese Bemühungen brachten jedoch allesamt keinen Erfolg. Adolf Rink verhielt sich völlig normal. Es gab weder verdächtige Telefonate noch Unternehmungen, die den Verdacht erhärtet hätten. Keines der untersuchten Schriftstücke wies Merkmale der Erpresserschreiben auf. Keine der verdeckten Durchsuchungen ergab auch nur den geringsten Hinweis auf den Aufenthaltsort von Melanie.

So scheiterten alle Anstrengungen, gegen Adolf Rink weitere Beweise zusammenzutragen. Die SOKO stand schließlich vor der schwierigen Entscheidung, den Verdächtigen aufgrund der bislang vorliegenden Indizien festzunehmen und damit unter Umständen das Leben von Melanie Kunz zu gefährden oder ihn noch tage-, vielleicht sogar wochenlang zu überwachen, um an eventuelle Mittäter heranzukommen und insbesondere das Versteck der Entführten zu finden.

Am Freitag, den 19. Dezember1980 fand eine Besprechung mit allen wichtigen Entscheidungsträgern der Polizei und

Staatsanwaltschaft statt. Man kam überein, dass mit einer Festnahme zumindest noch bis Montag gewartet werden sollte.

Schließlich trat jedoch die große Wende in dem Fall ein. Einen Tag nach der Besprechung, am Samstag, den 20.12.1980, wurde die Leiche des entführten Mädchens im Wald gefunden.

Am nächsten Morgen wurde das Wohnhaus des Tatverdächtigen durch mehrere Kriminalbeamte umstellt. Auf Klingeln wurde nicht geöffnet. Erst als die Polizisten begannen, sich gewaltsam Zugang zu dem Haus zu beschaffen, öffnete eine Tochter des Tatverdächtigen die Haustür.

Adolf Rink empfing die Beamten erstaunlich gefasst. Selbst als ihm eröffnet wurde, dass er im Verdacht stehe, Melanie Kunz entführt und getötet zu haben, waren bei ihm kaum Emotionen erkennbar. Er ließ sich widerstandslos festnehmen. Auf dem Polizeipräsidium, wurde er anschließend über mehrere Stunden verhört. Dabei stritt er vehement ab, Melanie Kunz entführt und ermordet zu haben.

Unmittelbar nach der Festnahme des Tatverdächtigen wurden dessen Wohnhaus sowie seine Firmenräume durchsucht. Hierbei fanden sich folgende Gegenstände:

- 7 Schreibmaschinen,
- verschiedenes Schriftmaterial,
- ein Parkschein einer Tiefgarage in Heidelberg vom 26. November 1980 (an diesem Tag wurde in Heidelberg der letzte Erpresserbrief eingeworfen),
- ein Telefonbuch, in dem noch die Seite mit der Nummer der Familie Kunz eingeknickt war,
- ausgeschnittene Presseartikel über den Entführungsfall,
- eine Videoaufzeichnung über die Nachrichtenmeldung vom Auffinden der Leiche des Kindes,
- blaue Plastiksäcke, von der gleichen Art mit denen die Leiche verpackt war,
- verschiedene Artikel und Rechnungen des gleichen Bau-

marktes, von dem der kleine Preisaufkleber stammte, der bei der Leiche gefunden wurde.

Noch am selben Tag stellten die Spezialisten des Landeskriminalamtes fest, dass zwar auf keiner der sichergestellten Schreibmaschinen die Erpresserschreiben geschrieben wurden, dass jedoch einige der Schriftstücke älteren Datums die absolut gleichen typischen Merkmale wie die Erpresserschreiben aufwiesen.

Zusammen mit dem Stimmengutachten reichten diese Beweise aus, Adolf Rink wegen des dringenden Verdachts der Entführung und Ermordung der elfjährigen Melanie Kunz in Untersuchungshaft zu bringen.

Die Frau des Tatverdächtigen befand sich zu diesem Zeitpunkt bei der 19-jährigen Tochter in Holland. Da aufgrund verschiedener Indizien der Verdacht bestand, dass sie an den Verbrechen ihres Mannes beteiligt gewesen sein könnte und sie zudem mit dem vermutlichen Tatfahrzeug unterwegs war, wurde sie in Zusammenarbeit mit Interpol Den Haag Stunden später in Amsterdam festgenommen. Mit einer Sondererlaubnis in der Tasche flogen zwei Beamte der SOKO nach Holland und nahmen dort an der ersten Vernehmung von Frau Rink teil. Noch in der Nacht wurde die Tatverdächtige mit einem Hubschrauber des Bundesgrenzschutzes nach Deutschland geflogen, wo man sie erneut verhörte. Der Mercedes der Familie Rink wurde zwecks Sicherung von Spuren ebenfalls unverzüglich nach Karlsruhe überführt.

Anfangs machte Gertrud Rink bei ihrer Vernehmung einen nervösen, fast unsicheren Eindruck. Doch mit fortschreitender Dauer wurde sie zunehmend aggressiv und zynisch. Für das furchtbare Verbrechen schien sie keinerlei Anteilnahme zu empfinden. Doch sie war sichtlich bestrebt herauszufinden, welche Beweise die Polizei gegen ihren Mann und sie in der Hand hat. Sie drehte den Spieß um, versuchte Gegenfragen zu stellen und taxierte auch die beiden Vernehmungsbeamten bei jeder Aussage, die sie machte.

Auf die Frage, ob sie auch die mehrfach über Radio und TV ausgestrahlte Stimme des Entführers gehört und dabei nicht ihren Mann erkannt habe, sagte Frau Rink aus, sie habe sich zusammen mit einer ihrer Töchter die Stimme sehr wohl und mehrfach angehört, sei dabei jedoch nicht auf die Idee gekommen, dass es sich bei dem Sprecher um ihren Mann handeln könne. Wohl habe man eine gewisse Ähnlichkeit festgestellt und es sei auch in Gegenwart ihres Mannes darüber gesprochen worden. Ihr Mann habe aber nur darüber gelacht und eine scherzhafte Bemerkung gemacht.

Die Vernehmung von Frau Rink dauerte mehrere Stunden. Dabei konnte der Verdacht der Mittäterschaft gegen sie nicht erhärtet werden. Allerdings ließ ihre ablehnende Haltung gegenüber den Vernehmungsbeamten und ihre Gefühlskälte nach wie vor die Frage offen, ob sie an dem Verbrechen ihres Mannes vielleicht doch in irgendeiner Weise beteiligt gewesen war oder zumindest davon gewusst hatte. Schließlich musste Frau Rink wegen des Fehlens handfester Beweise wieder auf freien Fuß gesetzt werden.

Einer ersten Durchsuchung des Wohnhauses und der Büroräume folgte eine weitere gründlichere Durchsuchung. Dabei wurden von den Kriminaltechnikern unter Anwendung eines besonderen technischen Verfahrens im Keller der angemieteten Büroräume an einer frisch übertünchten Kalksandsteinwand und an einem Regal eine Vielzahl von zunächst mit bloßem Auge nicht sichtbaren Blutspuren festgestellt. Eine Voruntersuchung ergab, dass es sich eindeutig um Menschenblut handelte. Auf dem Betonboden des Kellerraumes waren ein großer heller Fleck und mehrere kleine gleichfarbige Flekke zu sehen. Es gab kaum einen Zweifel: In diesem Raum war Melanie Kunz getötet worden.

Die unzähligen Blutspritzer an der Wand und die großflächigen Flecken auf dem Boden kooperierten mit den schweren Schädelverletzungen an der Leiche des Kindes. Alles deutete darauf hin, dass Melanie schon kurz nach ihrer Entführung von Adolf Rink in den Kellerraum verbracht und dort auch gleich ermordet worden war.

Da Rink trotz der erdrückenden Beweislast auch Tage nach seiner Festnahme die Tat immer noch abstritt und inzwischen durch einen Rechtsanwalt vertreten wurde, der ihm den Rat gab, keinerlei Angaben zur Sache zu machen, waren nun die Kriminaltechniker abermals gefordert. Die Blutspritzer von Wand und Regal konnten sie eindeutig dem getöteten Kind zuordnen. Bezüglich der hellen Flecken auf dem Boden stellten sie fest, dass der Mörder versucht hatte, eine große Blutlache mit Salzsäure zu beseitigen, was ihm aber nicht gelungen war. Im Beton konnten Blutreste gefunden werden.

Anhand der Lage von Blutspritzern und Flecken konnte rekonstruiert werden, in welcher Körperhaltung sich das Kind befand, als der Mörder ihm die tödlichen Schläge verabreichte. Demnach stand Melanie mit dem Rücken zur Tür etwa in der Mitte des Raumes als sie den ersten Schlag erhielt. Sie fiel dann nach vorne. Anschließend erfolgten mindestens vier weitere Schläge, während Melanie versuchte, auf dem Boden kriechend, den Schlägen zu entgehen. Doch der Mörder schlug so lange zu, bis das Kind regungslos liegen blieb.

Dass Adolf Rink sein Opfer sofort nach der Entführung tötete, wurde zweifelsfrei dadurch belegt, dass das betreffende Kellerabteil und auch kein anderer ihm zur Verfügung stehender Raum als Gefängnis für das Mädchen geeignet oder vorbereitet gewesen wäre und dass die Analyse des Mageninhaltes von Melanie ergeben hatte, dass das Kind nach dem eingenommenen Frühstück nur noch kurze Zeit lebte.

Der Prozess fand Monate später statt. Bis dahin hatten die Ermittler der Sonderkommission über 2 000 Spuren bearbeitet und mit Hilfe der Experten des LKA und BKA ein erdrückendes Indiziengebäude gegen den immer noch leugnenden Adolf Rink erstellt. Hinzu kam, dass zwei unabhängig voneinander beauftragte psychologische Gutachter zu dem Schluss gelangten, dass Rink zur Tatzeit im Vollbesitz seiner geistigen

Kräfte war und bei dem Angeklagten ein Strafausschließungs- oder Milderungsgrund nicht zu erkennen ist.

Als Rink und seine beiden Verteidiger nach mehreren Prozesstagen endlich begriffen, dass das Abstreiten der Tat keinen Sinn mehr machte, stellten sie ihre Taktik um. Sie wollten das Schwurgericht milde stimmen, indem der Angeklagte ein Geständnis ablegte. Gleichzeitig machten sie aber entgegen den bislang vorliegenden psychiatrischen Gutachten geltend, dass Rink die Tat unter einem derart starken innerlichen Zwang und weit außerhalb seiner normalen Verhaltensweisen begangen hatte, und somit bei der Urteilsfindung ein Schuldausschließungs- oder zumindest Milderungsgrund berücksichtigt werden müsse.

Es ging mehrfach ein Raunen durch das Publikum. Empörte Zwischenrufe waren zu hören, als Adolf Rink und seine Verteidiger mit dieser Finte das Schwurgericht überrumpeln wollten.

Doch die Richter ließen sich weder von den Unmutsäußerungen der Zuhörer noch durch die geschickt vorgetragenen Argumente der Verteidigung und des hochintelligenten Angeklagten beeindrucken. Als dies den in vielen anderen Strafprozessen erfolgreichen Rechtsanwälten Adolf Rinks klar wurde, stellten sie ihre Strategie erneut um. Rink wiederrief sein Geständnis. Die Verantwortung von sich weisend, brachte er nun plötzlich vor, dass er einen Mittäter hatte, der angeblich das Kind tötete. Er selbst sei bei dem Mord gar nicht dabei gewesen. Den Mittäter wolle er allerdings nicht preisgeben.

Dieser letzte Versuch des skrupellosen Kindermörders, seinen Kopf aus der Schlinge zu ziehen, scheiterte jedoch. Die Richter waren der Auffassung, dass die Schilderung des Tatgeschehens aus dem ersten Geständnis in Anbetracht der vorliegenden Beweise, trotz des Geständniswiderrufes und einer neuen Version des Angeklagten, in hohem Maße der Wahrheit nahe kam.

Rink hatte in seinem ersten Geständnis ausführlich die Entführung und die anschließende Ermordung von Melanie Kunz beschrieben. Unter anderem sagte er aus, dass er den schweren Hartgummihammer an einer bestimmten Stelle in einen Fluss geworfen hatte.

Aufgrund dieser Aussage erteilte der Vorsitzende noch während der Verhandlung die Weisung, das Tatwerkzeug aus dem Fluss zu bergen.

Mit Hilfe eines Baggers wurden einige Kubikmeter Schlamm aus dem Flussbett geholt, bis man dann tatsächlich den Hammer fand. Rink hatte also diesbezüglich die Wahrheit gesagt.

In seinem Geständnis wurde auch deutlich, dass er die gesamte Tat von langer Hand geplant hatte. Durch Misswirtschaft innerhalb seines Planungsbüros und einem zusätzlichen privaten Hauskauf hatte er einen Schuldenberg von etwa 800 000 DM angehäuft, den er nicht mehr bewältigen, geschweige denn abtragen konnte. Nach längeren Überlegungen entschloss er sich zu der folgenschweren Tat.

Aus einem sieben Jahre zurückliegenden Kontakt erinnerte er sich an die gutgehende Firma Kunz, der er seinerzeit ein Angebot zur Planung eines Projektes in Afrika unterbreitet hatte. Auf sein Angebot wurde damals seitens der Firmenleitung allerdings nicht reagiert, was Adolf Rink ärgerte. Vielleicht war das der Grund, weshalb er sich Jahre später die Tochter des Firmenchefs als Opfer aussuchte. Zugeben wollte er es nicht.

Zur Vorbereitung der Tat fuhr er morgens mehrere Male mit dem gleichen Bus wie Melanie nach Karlsruhe. Dabei machte er sich an das Mädchen heran, sprach mit ihm und erschlich sich so sein Vertrauen. Als er dann am Morgen des 3. November das Kind auf dem Weg zur Bushaltestelle abfing und ihm anbot, es könne, statt in dem überfüllten Bus, heute mal mit dem Auto in die Schule fahren, stieg das arglose Mädchen in das Fahrzeug ihres Mörders ein.

Auf der Fahrt nach Karlsruhe gab Rink gegenüber seinem Opfer vor, in seinem Büro noch schnell etwas erledigen zu müssen. Vor dem Haus angekommen, bat er Melanie, ihn zu begleiten. Das Kind ahnte nicht, was der Erwachsene, der so vertrauensvoll wirkte, vorhatte. Es folgte Rink bedenkenlos. Er führte Melanie ohne Umschweife in den Kellerraum. Dort hatte er auf einem Regal bereits einen großen, schweren Hartgummihammer bereitgelegt. Daneben befand sich eine Geldkassette mit Münzen. Er tat so, als ob er etwas holen wolle und stieß absichtlich die Kassette vom Regal. Dann bat er Melanie, ihm beim Aufsammeln der Münzen behilflich zu sein. Noch bevor das Kind sich hinunterbückte, schlug ihm Rink von hinten mit dem Hammer brutal auf den Kopf. Melanie ging zu Boden und Rink schlug noch mindestens vier mal mit aller Wucht zu. Auf dem Kellerboden entstanden mehr oder weniger große Blutlachen, die Rink nach dem Abtransport der Leiche aufwischte. Da die Flecken jedoch danach noch deutlich sichtbar waren, versuchte er sie mit Salzsäure zu entfernen, was ihm aber nur teilweise gelang.

Als Rink der Leiche oben und unten jeweils einen blauen Müllsack überstülpte, um sie, ohne Spuren zu hinterlassen, zusammengeschnürt in seinem Pkw wegzutransportieren, merkte er nicht, dass an der blutigen Kleidung des Mädchens eine holländische Münze aus der Kassette und Teile eines kleinen Preisschildes des Baumarktes klebte, bei dem er die Müllsäcke gekauft hatte.

Obwohl er zweifellos als überdurchschnittlich intelligent bezeichnet werden muss, machte er, wie fast alle Verbrecher, noch eine ganze Serie weiterer Fehler, die ihm in der Summe schließlich bei der Hauptverhandlung zum Verhängnis wurden.

Der fünffache Familienvater Adolf Rink erhielt für seine grausame Tat eine lebenslängliche Haftstrafe.

Jürgen Kunz sagte nach der Urteilsverkündung gegenüber Reportern, er hoffe, dass dieser Mensch, der seine Tochter getötet hat und deshalb eigentlich kein Mensch sein kann, nie wieder in Freiheit kommt, denn sonst wisse er nicht, wozu er fähig sei, um diesem Unrecht begegnen zu können.

Adolf Rink sitzt nun seit 23 Jahren im Gefängnis. Er ist jetzt 70 Jahre alt. Im Jahre 2003 soll die Entscheidung fallen, ob er aus der Haft entlassen wird.